역사가 흐르는 강 **한강**

역사가 흐르는 강 **한강**

2015년 12월 24일 처음 펴냄
2017년 6월 20일 2쇄 펴냄

지은이 • 송언

그린이 • 이광익

펴낸이 • 신명철

펴낸곳 • (주)우리교육

등록 • 제313-2001-52호

주소 • 03993 서울시 마포구 월드컵북로 6길 46

전화 • 02-3142-6770

팩스 • 02-3142-6772

홈페이지 • www.uriedu.co.kr

제조국명 • 대한민국

사용연령 • 10세 이상

주의사항 • 종이에 베이거나 긁히지 않도록 조심하세요.
책 모서리가 날카로우니 던지거나 떨어뜨리지 마세요.

© 송언, 이광익 2015
ISBN 978-89-8040-368-4 73910

*이 책의 내용을 쓰고자 할 때는 저작권자와 출판사의 허락을 받아야 합니다.
*잘못된 책은 바꾸어 드립니다.
*책값은 뒤표지에 있습니다.

이 도서의 국립중앙도서관 출판예정도서목록(CIP)은 서지정보유통지원시스템 홈페이지(http://seoji.nl.go.kr)와
국가자료공동목록시스템(http://www.nl.go.kr/kolisnet)에서 이용하실 수 있습니다.
(CIP제어번호: CIP2015034589)

차례

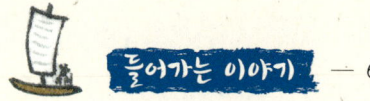 — 6

1. 선사 시대, 한강가에 살던 사람들 • 암사동 — 12
   | 한강가의 선사 유적지들 | — 18

2. 백제를 세운 온조왕 • 풍납동, 올림픽공원 — 20
   | 도읍을 두 번이나 옮긴 백제 | — 26

3. 금슬 좋은 도미 부부 • 풍납동 — 28

4. 개로왕의 죽음 • 풍납동, 아차산 — 34
   | 전통 놀이, 고백신 | — 40

5. 온달 장군의 마지막 • 아차산 — 42

6. 이조년과 이억년의 투금탄 • 가양동 — 48
   | 고려 때 세금을 옮긴 교통로, 한강 | — 56

7. 정도전과 무학 대사의 경복궁 짓기 • 왕십리, 한양도성 — 58

8. 원수 같던 부자, 태조와 태종 • 살곶이다리 — 64
   | 지명이 들어간 속담 들어 봤니? | — 70

9. 단종과 정순 왕후의 슬픈 이별 • 영도교, 광장동 — 72
   | 계유정난은 이런 내용이야 | — 78

10. 노량진 사육신의 묘 • 사육신공원 — 80
    | 숙주나물은 신숙주 나물 | — 86

11. 한명회의 정자, 압구정 • 압구정동 — 88
　　　　　| 이름만 들어도 그 쓰임새를 알 수 있어 | — 96

12. 권율 장군과 행주대첩 • 행주산성 — 98

13. 인조의 항복이 새겨진 삼전도비 • 잠실동 — 106
　　　　　| 병자호란이 일어난 까닭 | — 114

14. 연산군과 정조의 배다리 • 동작대교, 한강대교 — 116
　　　　　| 연산군은 군? 정조는 조? | — 122

15. 조선 팔도 상인이 모이는 곳, 마포 나루 • 토정동 — 124

16. 천주교 신자들의 성지, 절두산 • 합정동 — 130
　　　　　| 천주교 신자를 처벌한 진짜 이유 | — 136

17. 기차를 타고 한강을 건너? • 한강철교 — 138
　　　　　| 사람들 때문에 모양이 바뀐 한강 | — 144

18. 사람이 다니는 다리를 쫙! • 한강철교, 한강대교 — 146

나가는 이야기 — 152

찾아보기 — 156

들어가는 이야기

한강은 우리나라 한가운데를 가로지르며 흐르는 대표적인 강이야. 그뿐이 아니지. 한 나라의 수도 역할을 한 서울과 600년 넘게 운명을 같이했고, 지금도 그렇단다.

한강은 강원도 대덕산 금대봉에서 시작된 남한강과, 북한의 금강산에서 시작된 북한강이 경기도 양수리에서 만나 큰 물줄기를 이루지. 이어 서울의 동쪽으로 흘러들어 와 서울의 중심을 가로지른 뒤 서쪽 바다로 흘러들어 간단다.

한강이 흘러가는 모습을 하늘에서 내려다보면, 실핏줄처럼 퍼져 나간 물줄기가 거대한 나무 한 그루를 보는 것 같다고 해. 한강 전체를 한눈에 내려다보면 그만큼 아름답다는 얘기야.

한강은 우리말 '한가람'에서 비롯되었지. '한'은 '크다, 넓다, 길다'는 뜻이야. '가람'은 강의 옛 이름이고. 따라서 '크고 넓고 긴 강'이란 뜻을 품고 있지. 한강은 우리나라에서 압록강, 두만강, 낙동강 다음으로 긴 강이야.

역사가 기록되기 이전에 우리 조상들이 터를 잡고 살던 곳 가운데 하나가 암사동 선사유적지야. 암사동은 한강 가장자리에 자리 잡고 있는 강 마을이야. 직접 가 본 어린이도 있을걸. 선사유적지는 오랜 옛날부터 한강가가 사람이 살기에 적당한 곳이었다는 뚜렷한 증거란다.

우리나라 역사에서 한강 유역을 처음으로 차지한 나라는 백제였어. 백제를 건국한 온조왕이 한강가에 처음 터를 잡았던 것이지. 백제의 수도 위례성은 493년간 한강가에 있었단 다.

고구려와 신라도 호시탐탐 한강을 차지하려고 기회를 엿보았어. 마침내 고구려와 백제가 전쟁을 치르게 되었지. 고구려가 전쟁에서 승리하자, 백제는 위례성을 버리고 남쪽으로 떠날 수밖에 없었어. 그리하여 수도를 충청남도 공주로 옮겼단다. 이제 한강 유역은 고구려 차지가 되었지.

그 뒤 신라는 힘이 점차 커지기 시작했어. 제17대 진흥왕 때에 이르러 한강 유역은 신라가 차지하게 되었지. 그 사실을 기념하기 위해서 서울 북한산 비봉에 진흥왕순수비를 세웠단다. 그러고 보니 '비봉에 진흥왕순수비를 세웠다'는 말은 적절한 표현이 아니야. 진흥왕순수비가 세워진 봉우리라고 해서 비봉이 된 거거든.

북한산 비봉에 올라가 보면 그때 세운 진흥왕순수비가 아직껏 우뚝 자리 잡고 있어. 궁금하면 직접 가서 확인해 봐.

고려의 수도는 한강 북쪽에 있는 개성 땅이야. 500년 고려 역사가 흐르는 동안 한강과는 큰 인연을 맺지 못했단다. 지금의 서울인 한양으로 도읍을 옮기려는 시도가 몇 차례 있긴 했어. 하지만 끝내 이루어지지 못했지.

한양을 도읍으로 정한 사람은 조선을 건국한 태조 이성계야. 그 뒤 한양은 600년 넘게 조선 시대의 정치, 경제, 문화의 중심지가 되었지. 조선 시대엔 한강 곳곳에 나루터가 생기고, 경치 좋은 강변에 수많은 정자가 들어섰단다.

서울을 지난 한강은 유유히 흐르고 흘러 마침내 서쪽 바다에 이른단다.

1. 선사 시대 한강가에 살던 사람들

- 암사동 선사유적지 -

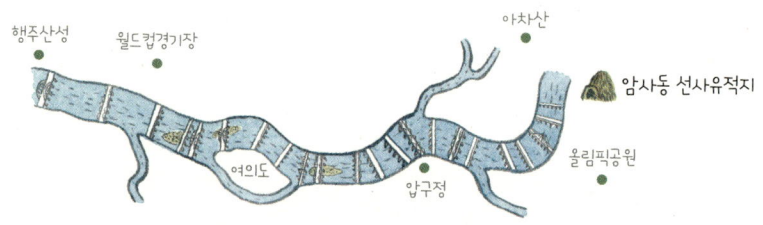

 서울 암사동에서 신석기 시대 사람들이 살던 움집터가 발견되었어. 지금으로부터 6천 년 전 것인데, 한강가에 사람이 살았다는 뚜렷한 증거란다. 구석기 시대엔 동굴에서 주로 생활했는데, 신석기 시대엔 동굴에서 나와 움집을 짓고 살았어. 암사동 선사 시대 유적지가 바로 신석기 시대를 대표하는 움집터란다.
 오랜 옛날 신석기 시대 사람들은 어떻게 살았을까?
 옛날이나 지금이나 사람이 살아가는 데 가장 중요한 것 세

가지가 있어. 먹을거리와 잠을 자거나 쉴 수 있는 집, 그리고 몸에 걸치는 옷이 바로 그것이야. 조금 어려운 말로 이 세 가지를 의식주라고 하지.

우선 먹을거리부터 알아볼까.

신석기 시대 사람들은 나물이나 풀뿌리를 캐어 먹거나 나무 열매를 따 먹는 생활을 했어. 그 뒤 한 곳에 정착하여 살면서 조, 피, 수수 등을 재배했지. 농기구는 돌로 만든 도끼나 반달 모양의 돌칼, 그리고 돌낫 등을 사용했어.

가까운 산으로 사냥을 떠나기도 했지. 하지만 사냥을 떠난다고 번번이 성공하는 건 아니었어. 성공하기보다는 실패하는 경우가 더 많았지. 그만큼 멧돼지나 노루, 사슴 따위를 사냥한다는 게 결코 쉬운 일이 아니었어.

그뿐이 아니었지. 사냥하다가 크게 다치거나 심한 경우 목숨을 잃는 경우도 종종 있었어. 나물을 뜯거나 나무 열매를 따러 간 여자들도 위험하긴 마찬가지였지. 독버섯을 먹고 배탈이 나거나, 뱀에게 물려 목숨을 잃기도 했으니까 말이야.

사냥보다 쉬운 건 물고기 잡기였어. 한강가에 터를 잡은 까닭이 바로 그거야. 고기잡이하기에 딱 좋은 곳이었거든. 돌로 만든 작살을 이용하거나 그물로 물고기를 잡았단다. 강가에서 조개를 줍거나 얕은 물에서 가재를 잡아먹기도 했지.

자, 이제 신석기 시대 사람들이 고기잡이하던 날을 상상해 볼까.

고기잡이를 떠나기 전에 부족 사람들이 하는 일이 하나 있었어. 그것은 부족장이 중심이 되어 하늘에 제사를 올리는 거야. 다치는 사람 없이 물고기를 많이 잡게 해 달라고 비는 것이지. 마을 제사는 공동체를 하나로 꽁꽁 묶어 주는 의식이기도 해. 남자 어른들이 그물을 어깨에 둘러메고 한강으로 가면 아이들이 신바람이 나서 뒤따라가지. 어른들이 고기 잡는 모습을 잘 봐 두어야, 나중에 어른이 되었을 때 고기를 잘 잡을 수 있을 테니까 말이야.

어른들이 그물을 끌고 다니며 한강 가장자리에서 물고기를 잡을 때, 아이들은 나무토막을 딱딱 부딪치거나 북을 치면서 응원을 보낸단다. 이왕이면 즐거운 마음으로 고기잡이를 하면 더 신나니까 말이야. 그물에 물고기가 많이 잡혀 올라오면 가져간 토기 그릇에 담아. 마을 사람들이 충분히 먹을 만큼 잡으면 고기잡이는 끝이 난단다. 그리고 움집으로 돌아와 흥겨운 잔치를 벌이지. 여럿이 함께 잡았으니까 당연히 여럿이 함께 먹는 잔치를 벌이는 거야. 물고기도 많이 잡고 마을 사람들이 모여 잔치를 벌이니 그야말로 모두에게 좋은 날이지.

이제 신석기 시대 사람들이 살던 집을 알아볼까.

신석기 시대의 특징은 그 전과 달리 사람들이 한 지역에 정착해서 살았다는 거야. 그러기 위해선 무엇보다 가족 단위로 머물 수 있는 움집이 필요했지. 움집 안엔 음식을 해 먹거나 집 안을 따뜻하게 해 주는 화덕이 있었어. 출입문은 햇빛이 잘 드는 남쪽으로 향하게 지었지. 움집 입구엔 사냥할 때 사용하는 돌도끼, 돌창, 화살 등을 놓는 곳이 있었어. 사냥할 때 그걸 가지고 나갔다가 돌아오면 제자리에 두었지. 농사를 짓는 데 사용하는 농기구도 한자리에 잘 보관했어.

농사를 짓거나 사냥해서 얻은 식량을 저장하기 위해 토기를 만들어 썼어. 토기는 먹을거리를 저장하거나 음식을 조리할 때 사용하는 그릇이야. 신석기 시대의 대표적인 토기는 밑이 뾰족한 빗살무늬 토기란다.

그 시절엔 어떤 옷을 입었을까.

옷이라고 할 것도 없었지. 나뭇잎이나 식물의 줄기를 엮어 몸의 중요한 부분을 가리면 그것이 곧 옷이었으니까. 짐승 털이나 가죽으로 만든 귀한 옷도 있긴 했어. 그러다가 삼이라는 식물에서 가느다란 실을 뽑아 옷감을 짜는 기술이 발달하게 되었단다. 그 바람에 간단한 저고리, 치마, 바지 등을 해 입을 수 있었지.

　더 궁금한 게 있으면, 언제든지 암사동 선사 시대 유적지에 가 봐. 신석기 시대 사람들이 어떻게 살았는지 눈으로 직접 확인할 수 있을 거야.

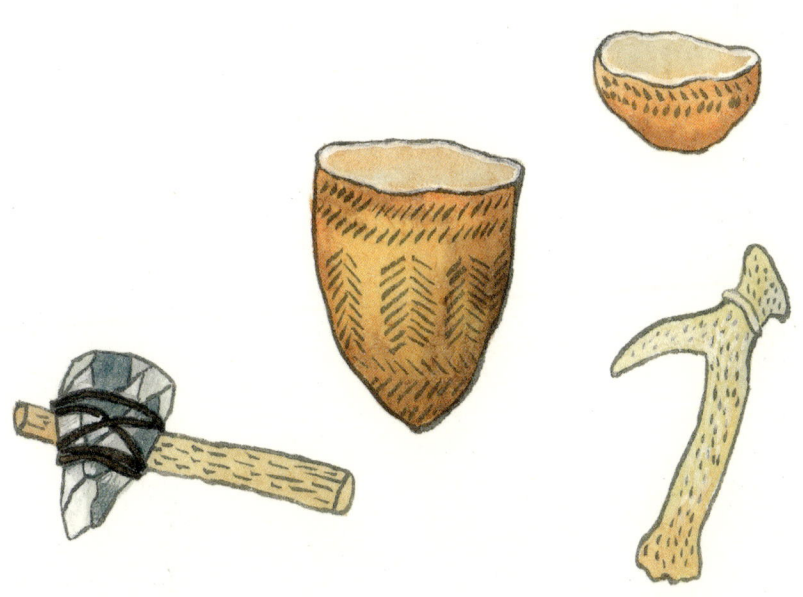

한강가의 선사 유적지들

암사동 말고도 한강 근처에서는 선사 시대의 유적이 많이 발견되었어.

구로구에 있는 오류중학교 뒤편에는 규모가 190×105×28cm인 고인돌(추정)이 하나 있어.

이 고인돌은 1998년 서울대 조사단에 의해 처음 발견되었어. 그 뒤 방치되었다가 재발굴한 교수들이 '거친 형태의 돌들이 보이지 않는 것으로 보아 원래의 위치에서 벗어난 것으로 보인다.'라는 의견을 제시하였지.

고척동 고인돌은 규모는 크지 않지만 구로구의 고대사에 대해 다시 생각하게 하는 소중한 문화 유적이야. 현재 서울에는 고인돌이 5기 남아 있어.

경기도 부천시 고강동 선사 유적지는 1996년부터 2005년까지 일곱 차례에 걸쳐 발굴 조사된 청동기 시대 마을이야. 한강 유역 초기 국가 단계의 문화를 엿볼 수 있는 유적지지. 총 21기에 달하는 주거지와 청동기 시대 제사 시설을 비롯해 구멍무늬 토기 등 유물 수백

서울 고척동 고인돌

점이 출토되었어. 그 밖에 통일 신라 시대 돌덧널무덤 13기, 조선 시대 건물 자리 등도 발견되었지. 지금은 공원으로 만들어져서 누구나 유적지를 돌아볼 수 있도록 했어.

발견된 유적지를 지금 다 볼 수 있다면 얼마나 좋을까. 하지만 그 자리가 어디인지 알 수 없는 곳도 많아.

1967년 서울 중랑구 면목동 면목 고등학교 근처 공사장에서 구석기 시대 석기들이 발견되었어. 기원전 3만 년 전인 후기 구석기 시대 유물인데, 서울 지역 유적으로는 가장 오래된 거야. 완전한 형태로 채집된 석기는 모두 39점이었어. 유물들은 발굴 당시 100제곱미터 공간에 흩어져 있었는데 한국토지주택공사가 서둘러 공사를 진행하는 바람에 지금은 이 유적지가 어디인지 알 수가 없게 되었단다.

2. 백제를 세운 온조왕

- 풍납동, 올림픽공원 -

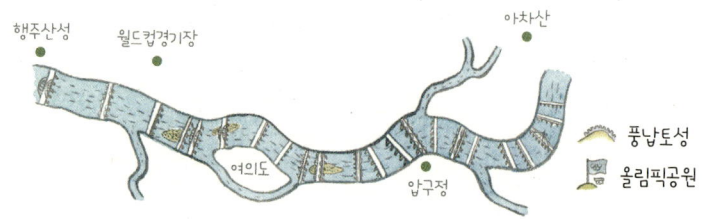

고구려를 세운 주몽은 활쏘기 명수였어.

100발을 쏘면 100발이 다 명중할 정도로 실력이 대단했지. 부여 금와왕의 아들 대소는 그런 주몽을 몹시 미워했단다. 혹시나 왕자인 자신을 제치고 주몽이 왕이 될까 봐 말이야. 그래서 쥐도 새도 모르게 주몽을 죽이려고 마음먹었어. 주몽은 살기 위해 부여에서 도망치지 않을 수 없었단다. 주몽은 구사일생으로 부여를 탈출하는 데 성공했어. 그 뒤 압록강 유역 졸본 땅에 나라를 세웠는데, 그 나라가 바로 고구려야.

 이때가 기원전 37년, 주몽의 나이 22세였단다.
 주몽이 새 나라를 세우자 둘레에 흩어져 살던 백성들이 소문을 듣고 하나둘 몰려들었어. 그 가운데는 부족장이 적지 않았는데, 소서노도 그 가운데 한 사람이었지. 소서노는 본래 졸본의 토박이로 연씨 부족의 족장 연타발의 딸이었어. 그녀는 부여에서 내려온 왕족 우태와 결혼하여 두 아들을 낳았는데, 큰아들은 비류, 둘째 아들은 온조란다.
 주몽이 졸본에 나라를 세웠을 때, 소서노는 혼자 두 아들을 키우고 있었어. 남편 우태가 먼저 세상을 떠나 버렸거든. 소서노가 부족을 이끌고 찾아왔을 때부터 주몽은 그녀가 마음에 쏙 들었단다. 용맹함은 웬만한 사내를 뛰어넘을 정도였고 생김새도 아주 빼어났지. 남편 우태를 대신하여 부족을 이끄는 여장부였던 거야. 주몽이 먼저 혼인하고 싶다며 소서노에게 청혼했어. 소서노도 주몽이 싫지 않았기 때문에 두 사람은 곧 결혼했지. 소서노는 주몽이 자신과 두 아들의 방패막이가 되어 주리라 믿었단다.

그런데 세상일이란 마음먹은 대로 이루어지는 게 아닌가 봐. 부여를 탈출할 때 주몽은 이미 결혼한 몸이었어. 게다가 부인의 배 속에선 무럭무럭 아이가 자라고 있었지. 주몽은 부인에게 이런 말을 남겼단다.

"배 속의 아이가 자라 아버지를 찾아간다고 하거든 내가 감추어 둔 물건을 찾아가지고 오라 하시오. 굽은 소나무 아래 일곱 모서리 난 바위 밑에 감추어 두었소. 그것을 가져오면 내 자식인 줄 알겠소."

밤도망을 하는 처지라 배가 부른 부인을 데리고 떠날 수 없었던 거야.

세월이 흘러, 주몽의 아들 유리는 어머니에게 아버지가 누구인지 물었단다. 어머니는 유리에게 아버지가 남긴 말을 전했어. 유리는 굽은 소나무 아래 일곱 모서리가 난 바위를 찾아 온 산을 헤매었지. 그러던 어느 날, 집 기둥이 굽은 소나무로 되어 있다는 걸 발견했어. 또한 주춧돌이 일곱 모서리가 난 돌이란 걸 확인하고 그 밑을 파서 부러진 청동검을 찾았지. 유리는 그걸 가지고 아버지를 찾아 졸본 땅으로 떠났단다.

부러진 청동검을 찾은 덕분에 아버지와 아들은 극적으로 만났어. 하지만 소서노에겐 하늘이 무너지는 충격이었지. 소서노는 자신의 아들 비류나 온조가 당연히 주몽의 뒤를 이어 고구려의 왕이 될 거라고 믿었거든. 그런 셈이 없었다면 주몽의 청혼을 선뜻 받아들이지 않았을지도 몰라.

하지만 주몽의 입장은 달랐지. 유리는 친아들이고 비류와 온조는 의붓아들이잖아. 그러니 결과가 어찌 되었겠어. 피는 물보다 진하다고 주몽은 결국 친아들 유리를 태자로 삼았단다. 소서노와 비류, 온조에겐 청천벽력 같은 소식이었지. 비류와 온조에겐 이제 고구려가 희망의 땅이 아니었어.

"어머니, 아무래도 고구려를 떠나야겠어요."

온조의 말에 소서노가 물었지.

"어디로 떠난단 말이냐?"

"남쪽으로 떠났으면 해요. 우리 세상이 닫혀 버렸으니, 새로운 땅을 찾아가 세상을 따로 열어야지요."

"오냐, 그렇게 하자꾸나."

비류와 온조는 어머니 소서노와 함께 고구려를 떠나 남쪽으로 내려가게 되었단다. 오간, 마려 등 신하 열 명과 따르는 백성들을 이끌고 말이야. 비류와 온조 일행은 정처 없이 남쪽으로, 남쪽으로 내려갔어. 마침내 머물 곳을 찾았으니 그곳이 바로 한강 근처야. 그들은 한강가에 위례성을 짓고 정착했단다.

그런데 형 비류와 동생 온조는 서로 생각이 달랐어. 형 비류는 위례성이 마음에 들지 않았던 거야. 그래서 자기를 따르는

백성들을 데리고 한강 하류 지역인 미추홀, 오늘날의 인천 지역으로 내려가서 따로 나라를 세웠단다. 하지만 여러 해가 지난 뒤 비류는 갑작스레 병을 얻어 죽고 말았어. 그러자 미추홀에 있던 백성들은 위례성으로 온조를 찾아왔단다.

온조는 천군만마를 얻은 듯 힘이 솟았지. 그 뒤 나날이 힘을 키워서, 당시 한강 남쪽 지역을 지배하던 마한이란 큰 나라와 힘겨루기를 할 정도가 되었어.

그뿐이 아니야. 가까운 곳에 있는 목지국을 정벌하기도 했단다. 이어 둘레의 작은 나라들을 차례차례 정복하고 통합했지. 온조가 처음 나라를 세웠을 때는 영토가 사방 100리 정도(약 39킬로미터)밖에 되지 않았어. 그 뒤 점차 영토를 넓히고 나라를 발전시켜 나갔지. 이 나라가 바로 백제란다.

백제는 한강 유역에 도읍을 정한 최초의 나라야.

백제의 위례성이 자리한 곳은 서울시 송파구 풍납토성과 몽촌토성 일대란다. 왕이 궁궐을 짓고 살았던 중심지는 풍납토성이야. 위례성은 북쪽에 한강을 띠처럼 두르고 있고, 동쪽에는 높은 산이 있으며, 남쪽으로는 넓은 들판이 펼쳐져 있어 자연환경이 매우 훌륭한 곳이었단다.

도읍을 두 번이나 옮긴 백제

　기원전 18년에 온조가 한강 유역에 자리를 잡고 세운 백제는 역사가 678년이나 돼.

　493년 동안 서울 지역을 도읍으로 삼던 백제는, 서기 475년 고구려 장수왕이 공격해 오자 개로왕이 죽고 위례성을 잃고 만단다. 개로왕의 아들 문주왕은 남쪽에 있는 웅진으로 도읍을 옮기지. 지금의 충청남도 공주 지역이야. 궁궐이 있던 성을 공산성이라고 해.

　웅진에서는 귀족들이 반란을 일으켜 두 명의 왕이 살해되기도 했단다. 그래서인지 성왕은 538년 사비로 다시 도읍을 옮겨. 지금의 충청남도 부여 지역이야. 궁궐이 있던 산성을 부소산성이라고 해.

　나라를 새롭게 다진 성왕은 빼앗긴 한강 유역을 되찾기 위해 고구려를 공격했어. 신라 진흥왕과 연합 공격을 했지. 그리하여 한강 일대를 되찾기는 했어. 하지만 그것도 잠시, 신라에게 고스란히 한강 유역을 빼앗기고 만단다. 전쟁으로 많은 상처를 입었지만 백제는 무왕 때 강력한 힘을 길렀어. 그런데 무왕의 아들 의자왕 때에 이르러 신라와 당나라 연합군에게 공격을 받고 멸망하여 역사 속으로 사라지게 된단다. 그때가 서기 660년이야.

몽촌토성

풍납토성

　백제 역사는 가장 긴 위례성 시대의 것이 정확히 남아 있지 않아. 하지만 백제는 우아하고 세련된 문화를 가지고 있었지. 고구려, 신라에 견주어 드넓은 평야 지대에 자리를 잡은 것과 바다 건너에 있는 중국 문화를 잘 받아들인 덕택이 아닐까 싶어. 서산 마애삼존불이나 금동 대향로를 보면 백제의 찬란한 문화를 확인할 수 있지. 백제는 중국에서 들어온 불교와 유교, 한자를 일본에 전해 주기도 했단다.

3. 금슬 좋은 도미 부부

- 풍납동 -

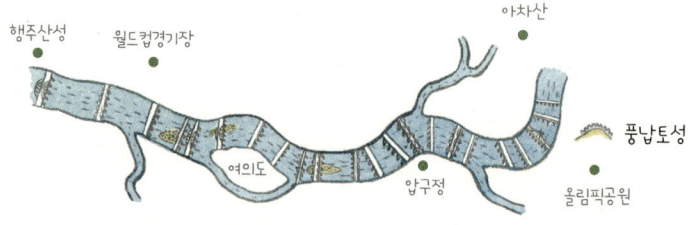

470년 무렵, 백제 위례성에 도미라는 사람이 살았어.

신분이 그리 높지 않은 하급 관리였지. 도미는 교양이 있고 의리를 중요하게 여기는 아주 강직한 사람이었어. 낮엔 나라를 위해 열심히 일했고, 일이 끝나면 곧바로 집으로 돌아갔지.

도미의 부인은 아름다울 뿐 아니라 행실이 아주 바른 여자였어. 남편에 대한 믿음과 사랑 또한 남달랐단다. 당연히 부부는 금슬도 몹시 좋았어. 둘레에 있는 사람들이 모두 부러워할 정도였지.

도미 부인이 매우 아름답다는 소문은 개로왕 귀에도 들어갔어. 개로왕은 성격이 아주 괄괄한 왕이었지. 도미 부인을 자기 여자로 만들 욕심을 품었단다. 개로왕은 꾀를 내었어.

어느 날 도미를 불러 말했지.

"모름지기 행실이 바른 여자는 다른 남자를 멀리하는 법이다. 허나 사람들이 보지 않는 한적한 곳에서, 달콤한 말로 유혹한다면, 마음이 흔들리지 않는 부인은 많지 않을 것이다. 그대의 아내는 어떠할 것 같은가?"

도미는 자신 있게 대답했지.

"사람의 마음을 예측하는 건 쉬운 일이 아니옵니다. 하지만 제 아내라면 죽음을 각오하더라도 결코 다른 마음을 먹지 않을 것입니다."

 개로왕은 도미 부인이 정말 그러할지 시험해 보기로 했단다. 우선 도미에게 많은 일을 시켰어. 일 때문에 집에 못 가게 하려는 속셈이었지. 그런 다음 한 신하를 왕으로 분장시켜 도미의 집으로 가게 했단다. 그 전에 미리 사람을 보내어 왕이 도미의 집에 온다는 말을 부인에게 전하도록 했지.

 왕으로 변장한 신하가 도미 부인을 유혹했어.

 "오래전부터 그대가 아름답다는 말을 들었노라. 오늘 그대의 남편과 내기를 했는데 짐이 이겼구나. 따라서 그대의 몸은 이제 짐의 것이니라. 오늘 밤 내 시중을 든다면, 내일 왕궁으로 데려가 그대를 후궁으로 삼을까 하노라."

 도미 부인이 차분하게 마음을 가다듬고 대답했지.

 "국왕께서는 한 나라의 어른이시니 헛되이 거짓말을 하진 않을 것입니다. 그러니 제가 어찌 따르지 않을 수 있겠습니까. 먼저 방에 들어가 계시면, 깨끗한 옷으로 갈아입고 곧바로 들어가 뵙겠습니다."

그러고는 몸종을 곱게 단장시켜서 왕을 모시게 했단다. 다음 날 신하는 몸종을 왕궁으로 데려갔지. 도미 부인이 아니라 몸종이란 사실이 곧 밝혀졌어. 화가 난 개로왕은 도미에게 없는 죄를 뒤집어씌웠어. 그뿐이면 말을 안 해. 세상에, 도미의 두 눈을 뽑아 버리는 끔찍한 형벌을 내렸단다. 두 눈이 뽑힌 도미는 작은 배에 태워졌어. 죽이지 않은 게 그나마 다행이었지. 작은 배는 한강을 따라 정처 없이 흘러 내려갔단다.

개로왕은 곧 도미 부인을 잡아들였어. 지난 일을 꾸짖은 뒤 시중을 들도록 명령했지. 도미 부인이 간곡히 사정했어.

"남편을 잃고 이제 혼자 된 몸이옵니다. 오갈 데 없는 여자를 거두어 주는데 어찌 거역하겠습니까. 다만 오늘은 제 몸이 몹시 불편하옵니다. 사나흘만 시간을 주시면 몸을 깨끗이 하고 임금님을 모시도록 하겠습니다."

개로왕은 도미 부인의 부탁을 받아들였지.

도미 부인은 왕궁을 나와 곧바로 한강으로 달려갔어. 물살이 거세어 도저히 한강을 건너 도망칠 수가 없었지. 그때 작은 배 한 척이 스르르 다가오더니 앞에 멈추는 거야. 도미 부인은 하늘이 자신을 돕는다고 생각했지. 작은 배에 올라타고

한강을 따라 아래로, 아래로 내려갔단다.

얼마 뒤 배는 낯선 곳에 닿았어.

도미 부인은 배에서 내려 뭍으로 올라갔어. 그런데 세상에! 죽은 줄로만 알았던 남편이 거지꼴을 하고는 겨우겨우 살아 있질 않겠어. 도미 부인은 남편을 부둥켜안으며 한참을 울었어. 그러면서 다짐했지. 이제는 어떡하든 자신이 남편을 보살펴야 한다고 말이야. 하지만 그들이 머물고 있는 곳은 백제 땅이었어. 하루속히 그곳을 떠나지 않으면 왕의 신하들에게 붙잡혀 목숨을 잃게 될 게 뻔했지.

그러던 어느 날, 도미 부인은 고구려 땅으로 가는 배가 있다는 소식을 들었단다. 한강에서 임진강으로 거슬러 올라가는 배라고 했어. 도미 부인은 선장을 찾아가 사정을 이야기했지. 다행히 고구려로 가는 배의 선장은 인정이 많은 사람이었어.

도미 부부는 무사히 고구려 땅으로 건너갈 수 있었단다. 도미 부부의 사연을 듣고 고구려 사람들은 몹시 안타깝게 생각했어. 그뿐이 아니야. 입을 옷과 먹을 음식 그리고 머물 수 있는 집까지 내주었단다. 도미 부부는 고구려 땅에 정착하여 오래오래 행복하게 살았다는구나.

4. 개로왕의 죽음

- 풍납동, 아차산 -

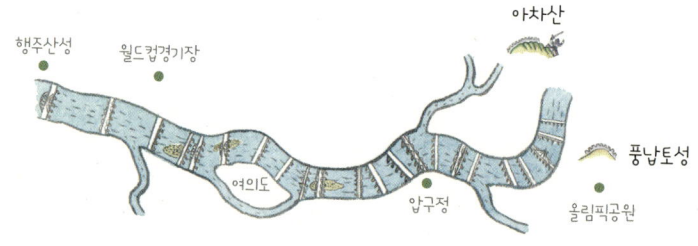

그 뒤 백제의 개로왕은 어떻게 되었을까?

그 전에 고구려의 사정을 먼저 살펴보는 게 좋겠네.

고구려 광개토 대왕은 나라 땅을 크게 넓혔어. 그의 아들 장수왕은 드넓은 영토를 효율적으로 다스리리라 마음먹었지. 해서 472년 도읍을 압록강 유역 국내성에서 대동강 유역의 평양성으로 옮겼단다.

그 무렵 한강 유역은 백제의 개로왕이 차지하고 있었지. 고구려 장수왕은 백제를 공격하여 한강 유역을 빼앗고 싶었어.

장수왕은 백제의 속사정을 알아내기 위해 승려 도림을 첩자로 보내기로 했단다. 도림은 죄를 짓고 고구려에서 도망친 것처럼 속이고는 백제로 들어갔지. 개로왕이 바둑을 좋아한다는 걸 알고, 도림은 위례성 안에 이런 소문을 퍼뜨렸어.

"나는 어려서부터 바둑을 배워 국수의 경지에 이르렀다. 백제 땅에선 나와 겨룰 만한 인물이 없을 것이다."

이 소문을 듣고 개로왕이 도림을 왕궁으로 불렀어. 개로왕이 물었지.

"그대의 바둑 실력이 어느 정도이기에 이리도 소문이 자자한 것인가?"

"국수의 경지라고 자부하고 있사옵니다."

개로왕은 그 즉시 도림과 바둑을 두었어. 과연 도림의 바둑 실력은 도저히 따라잡을 수 없을 정도로 대단했어. 개로왕은 크게 기뻐하며 도림을 귀한 손님으로 대접했단다. 그때부터 두 사람은 바둑을 두며 세월을 보냈지. 하늘나라 신선이 부럽지 않을 정도라고나 할까.

하루는 도림이 개로왕에게 말했단다.

"그동안 대왕께서는 저를 극진히 대접해 주었습니다. 그 보답으로 대왕께 한 말씀 올릴까 하옵니다."

"그것이 무엇이오?"

"대왕께서는 고구려와 신라보다 한강을 먼저 차지한 위대한 임금입니다. 하온데 위례성 성벽은 무너진 곳이 많고 궁궐도 튼튼하지 못합니다. 게다가 선왕의 무덤도 보잘 것이 없사옵고, 여름이면 한강이 범람하여 백성들의 집이 자주 허물어집니다. 이는 결코 대왕님의 명성에 어울리는 일이 아니옵니다."

개로왕은 도림의 말을 옳게 여겼어. 그리하여 대대적인 토목 공사를 벌이기 시작했지. 흙을 구워 성벽을 다시 쌓고, 그

안에 으리으리한 궁궐을 새로 지었단다. 한강에서 큰 돌을 가져다가 아버지의 무덤도 새로 만들었지. 그리고 강물이 범람하는 걸 막기 위해 한강 가장자리에 높이 둑을 쌓았어.

그 바람에 나라의 창고가 텅텅 비게 되었고, 백성들의 원망은 하늘 높은 줄 모르고 나날이 높아졌지. '드디어 때가 왔구나.' 하며 도림은 고구려로 돌아갔단다.

도림이 장수왕에게 아뢰었어.

"지금이 바로 백제를 공격하기에 딱 좋은 때이옵니다."

"오냐, 오늘이 오기를 오래전부터 기다리고 있었노라."

장수왕은 군사 3만 명을 이끌고 직접 백제의 수도 위례성을 공격했어. 백제는 고구려 대군이 공격해 오자 몹시 당황했지. 개로왕은 부랴부랴 군사를 끌어모아 방어 태세에 들어갔어.

고구려 군은 한강 북쪽 아차산성에 진을 치고 호시탐탐 기회를 엿보았어. 한강만 건너면 바로 백제의 위례성이었지. 칠흑같이 어두운 밤, 고구려 군은 이윽고 한강을 건넜어. 위례성을 겹겹이 에워싸고 여러 차례 공격을 시작했지. 그러자 7일을 버티지 못하고 위례성은 허무하게 함락되고 말았단다.

개로왕은 군사 수십 명을 이끌고 허겁지겁 위례성을 빠져나갔어. 그러고는 꽁지가 빠져라 도망치기 시작했지. 하지만 도망가는 길목을 고구려 장군이 지키고 있었단다. 개로왕은 곧 사로잡히고 말았어.

고구려 장군이 개로왕을 꾸짖었지.

"그대는 무리하게 토목 공사를 해서 백성들을 도탄에 빠지게 하였노라. 그것만으로도 죽어 마땅하지 않은가. 죽기 전에 한 가지 알려 줄 사실이 있노라. 그동안 그대와 더불어 바둑을 둔 승려 도림은 고구려의 첩자였다. 하지만 죽음을 앞두고 그를 원망해 본들 무슨 소용이 있으리오."

고구려 장군은 개로왕을 포박하여 한강을 건너 아차산성으로 데려갔어. 개로왕의 목을 베라는 장수왕의 명령이 떨어졌지. 개로왕은 아차산성 아래에서 목이 잘려 최후를 맞이하고 말았단다. 세상일이란 게 참! 어쩌면 도미 부부에게 못된 짓을 해서 하늘이 벌을 내린 건지도 몰라.

어쨌거나 고구려가 한강 유역의 새 주인으로 떠올랐어. 개로왕의 아들 문주왕은 위례성을 탈출하여 멀리 남쪽으로 내려갔지. 그 뒤 충청남도 공주 땅에 도읍을 새로 정하고 백제의 재건을 위해 노력했단다. 그리하여 500년 가까이 백제의

수도였던 위례성은 역사의 뒤안길로 사라지고 말았지.

백제의 도읍이었던 위례성은 두 개의 토성으로 이루어져 있어. 북쪽에 있는 풍납토성은 송파구 풍납동 일대에, 남쪽에 자리한 몽촌토성은 송파구 방이동 올림픽공원 안에 있단다.

궁금한 사람은 한번 가 봐.

전통 놀이, 고백신

475년, 백제가 차지하고 있던 한강 유역을 고구려 장수왕이 차지했지만 그 뒤에는 신라에게 넘어가고 말지.

전통 놀이 '고백신'은 삼국 시대에 고구려, 신라, 백제가 서로 땅을 차지하려고 싸웠던 사실을 바탕으로 만든 놀이야. 전라도 지역에서 많이 하는데 세 편으로 나뉘어 서로 다른 조건에서 겨루는 아이들 놀이란다. 고구려의 '고', 백제의 '백', 신라의 '신'을 합쳐서 놀이 이름이 '고백신'이 되었나 봐.

이 놀이는 고구려와 백제가 신라와 당나라 연합군에게 멸망한 뒤에 만들어지지 않았을까 싶단다. 놀이 내용을 보면 고구려 땅이 가장 크고 작은 두 나라가 연합을 해서 나머지 한 나라를 공격하는데 그 연합을 '당나라 조약'이라고 하거든.

재미있으니까 친구들이랑 한번 해 봐.

놀이 방법

① 운동장이나 빈터에 놀이판을 그린다.

② 세 패로 나누어 각각 보물을 한 개씩 준비한다.

③ 상대국 영토와 놀이판 밖에서는 외발로 서고 발을 걸거나 밀쳐 상대국 군사를 쓰러뜨린다.
금을 밟아도 죽는다.

④ 문을 통해 들어가 보물을 빼앗아 자기 나라에 가져다 놓으면 빼앗긴 나라는 멸망하고 빼앗은 나라의 영토는 넓어진다.

⑤ 쉼터에서 쉴 수 있으며 쉬는 사람은 공격할 수 없다.

⑥ 두 나라가 연합해 공격할 수 있고 그 연합을 '당나라 조약'이라고 한다.
조약을 맺어 한 나라가 망하면 다시 두 나라는 적이 되어 싸운다.

⑦ 보물을 세 개 모은 나라가 승리하고 순서대로 큰 영토를 차지해 다시 놀이를 한다.

5. 온달 장군의 마지막

- 아차산 -

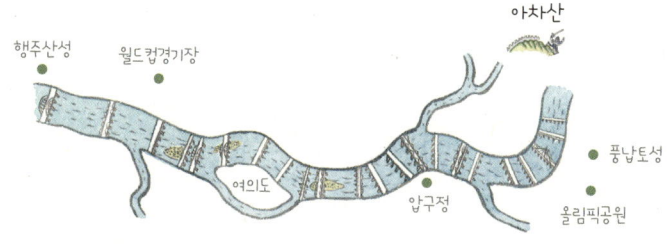

고구려 시대에 바보 온달이 살았다는 이야기는 누구나 한 번쯤 들어서 알고 있을 거야. 바보 온달은 고구려 평원왕의 딸 평강 공주와 결혼한단다. 바보 온달이 공주와 결혼을 하다니, 아무리 옛날이야기라지만 희한한 일이 아닐 수 없지.

그 뒤 바보 온달은 사람이 싹 달라져. 왠지 알아? 아내인 평강 공주에게 글공부는 물론 말타기, 활쏘기 등을 배웠기 때문이야.

온달이 결혼을 하고 여러 해가 지난 어느 봄이었어. 고구려에선 해마다 봄이 되면 사냥 대회가 열렸단다. 온달은 사냥 대회에 나가 당당히 일등을 차지해 벼슬자리에 오르게 되었어. 그뿐이 아니야. 오랑캐가 쳐들어오자 전쟁터에 나가 나라를 구하기도 했어. 바보라고 놀림받던 온달이 고구려의 늠름한 장군이 된 것이지.

뒷날 평원왕이 죽자 영양왕이 왕위에 올랐어. 그때는 신라군의 힘이 막강해져서 고구려가 차지하던 한강 유역은 신라 차지가 되었단다. 온달 장군은 신라에게 빼앗긴 고구려 땅을 되찾고 싶었어. 그래서 영양왕에게 말했지.

"신라 군에게 한강 유역을 빼앗긴 뒤 여러 해가 지났건만 아직도 되찾지 못하고 있사옵니다. 이런 원통한 일이 어디 있겠습니까. 제게 군사를 내주시면 빼앗긴 땅을 반드시 되찾아 오겠습니다."

영양왕은 즉각 허락했어. 빼앗긴 땅을 되찾아 오겠다는데 허락하지 않을 왕이 어디 있겠느냔 말이야. 게다가 온달은 고구려를 대표하는 장군이었으니 두려울 게 없었지.

전쟁터로 떠나기 전날 밤이었어. 온달 장군은 아내인 평강 공주에게 말했단다.

"한강 유역의 고구려 땅을 되찾지 못한다면 나는 결코 평양성으로 돌아오지 않을 것이오."

그런데 참 이상한 일이었어. 평강 공주의 눈에 온달 장군의 죽음이 환하게 비치는 거야. 전쟁터로 떠나는 남편의 죽음이 보이다니 놀랍고 안타까운 노릇이었지. 평강 공주의 머릿속에 온갖 생각이 스치고 지나갔어.

차분하게 마음을 가라앉히고 평강 공주가 물었단다.

"서방님, 이번 전쟁을 뒤로 미룰 수는 없나요?"

온달 장군은 그 자리에서 펄쩍 뛰었어.

"내일이 바로 전쟁터로 떠나는 날이오. 그런데 이제와 전쟁을 뒤로 미루다니, 세상에 그런 법이 어디 있단 말이오. 빼앗긴 땅을 되찾기 딱 좋은 기회요. 전쟁을 포기한다면 고구려 대장군인 내 체면은 땅바닥으로 곤두박질치고 말 것이오."

평강 공주는 속이 탔어. 자기 힘으론 도저히 전쟁을 막을 수 없을 것 같았거든. 평강 공주는 마음속으로 눈물을 흘렸어. 평강 공주가 겨우 울음을 삼키며 말했어.

"알았어요. 부디 무사히 돌아오셔요. 저는 당신과 결혼하여 참으로 행복하게 살았답니다."

 "꼭 마지막 작별 인사를 하듯 말하는구려. 걱정하지 마시오. 이번 전쟁에서 반드시 승리하고 돌아오리다."

 다음 날, 온달 장군은 늠름하게 전쟁터로 떠났어.

 한강 바로 북쪽에 있는 아차산 골짜기에서 무지막지한 싸움이 벌어졌지. 신라 군은 고구려 군에 포위되어 독 안에 든 쥐 신세가 되었어. 전쟁은 곧 고구려 군의 승리로 끝날 것 같았단다. 그런데 바로 그때였어. 신라군이 쏜 화살을 맞고 온달 장군이 말에서 떨어져 목숨을 잃은 거야. 고구려 군사들은 우왕좌왕했어. 신라 군은 그 틈을 이용해 포위망을 뚫고 멀리멀리 도망갔단다.

　가까스로 정신을 차린 고구려 군사들은 온달 장군의 시체를 관에 넣고 평양성으로 돌아가려 했어. 고구려 대장군의 시체를 아차산 골짜기에 내버려 두어 까마귀밥이 되게 할 수는 없었으니까 말이야. 그런데 이게 웬일이야. 온달 장군의 시체가 든 관이 땅바닥에 찰싹 달라붙어 떨어지질 않는 거야. 열 사람, 스무 사람, 서른 사람이 힘을 써도 도무지 들어 올릴 수가 없었어.

　그 소식이 고구려의 수도 평양성까지 전해졌어. 평강 공주가 말을 타고 한달음에 아차산 골짜기로 달려왔단다. 평강 공주는 온달 장군의 관을 부둥켜안고 하염없이 눈물을 쏟았어.

　"저는 이미 당신의 죽음을 보았답니다. 하지만 차마 전쟁터로 떠나는 당신의 앞길을 막을 수가 없었어요. 사람은 누구나 한 번은 꼭 죽게 되어 있지요. 그만 노여움을 푸시고 저와 함께 평양성으로 돌아가셔요, 네?"

　그러자 관이 땅바닥에서 떨어져 평양성으로 옮길 수 있게 되었어. 그 같은 사실 때문에 뒷날 사람들이 수군댔단다. 빼앗긴 땅을 되찾지 못한 게 마음에 얹혀, 온달 장군의 관이 땅바닥에서 떨어지지 않은 것이라고.

그 뒤 여러 날이 지난 어느 날이었어.

온달 장군이 죽은 자리에서 퐁퐁 샘이 솟아났어. 누가 먼저랄 것도 없이 사람들은 그 샘을 '온달의 샘'이라 불렀지. 지금도 서울 광진구 아차산 골짜기에 가면 '온달의 샘'이 그대로 남아 있단다.

6. 이조년과 이억년의 투금탄

- 가양동 -

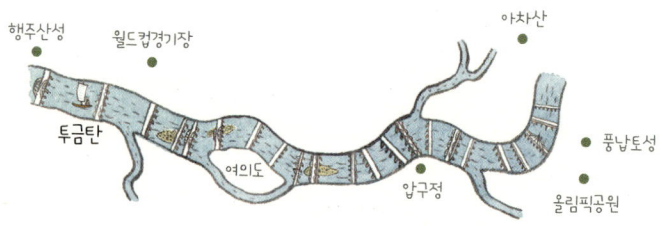

고려 시대 때, 남쪽 지방에서 도읍인 개경으로 올라가려면 반드시 한강을 건너야 했어. 한강을 건너는 나루는 여러 곳이 있었지. 그 가운데 하나가 서울의 서쪽 끝자락에 있는 공암 나루야.

어느 날 두 형제가 길을 가다가 금덩어리 두 개를 주웠어. 버드나무가 무성한 공암 나루 근처 숲길에서였지. 형제는 고려의 도읍인 개경으로 올라가는 길이었어. 금덩어리를 주운 형제는 기분이 몹시 들떴단다. 운이 좋아서 횡재를 한 것이라

고 생각했던 거야.

　잠시 뒤, 마음을 가라앉히고 동생이 물었단다.

　"형님, 이 금덩어리의 주인이 찾아오면 어쩌지요?"

　형이 제꺽 대답했지.

　"당연히 돌려줘야지."

　"그렇다면 금덩어리를 주운 이곳에서 기다려 보는 게 어떨까요? 주인이 찾아올지도 모르지 않습니까?"

　"그게 좋겠구나. 여기서 기다려 보자꾸나."

　형제는 나루터 가까운 주막에서 금덩어리 주인이 나타나기를 기다렸어. 하지만 몇 날 며칠이 지나도록 주인은 나타나지 않았단다.

　형이 먼저 말했지.

　"오늘도 주인이 나타나지 않는구나."

　동생이 즉각 대답했어.

　"이곳에서 하염없이 주인을 기다릴 수는 없을 것 같습니다."

　"그러게 말이다. 그만 개경으로 올라가자."

　"금덩어리는 어떻게 할까요?"

"금덩어리가 마침 두 개이니 사이좋게 하나씩 나누어 갖도록 하자."

형제는 금덩어리를 하나씩 나눠 갖고 공암 나루에서 배를 탔단다. 나룻배는 한강을 따라 서쪽으로 내려갔어. 중간쯤에서 임진강을 만나 북쪽으로 거슬러 올라가면 머지않아 개경에 닿을 테지.

그런데 이게 웬일이야. 나룻배를 타고 가던 동생이 갑자기 품속에서 금덩어리를 꺼내는 거야. 이어 금덩어리를 강물 속으로 냅다 내던지는 게 아니겠어.

풍덩!

형이 깜짝 놀라 물었단다.

"지금 무슨 짓을 한 것이냐?"

동생이 차분하게 말했어.

"형님, 제 마음을 솔직히 말하지요. 금덩어리를 주운 뒤에 저는 마음이 몹시 흔들렸어요. 주인이 나타나기를 기다리면서, 동시에 제발 주인이 나타나지 않았으면, 하는 생각도 들었답니다. 금덩어리 때문에 제 안에서 욕심이 일어난다는 걸 알았어요. 금덩어리를 팔아서 좋은 옷을 사 입고 좋은 집에서

좋은 음식을 먹으며 살고 싶은 욕망도 일어났어요. 열심히 공부해야 할 선비가 이래서는 안 되겠다 싶더군요. 금덩어리에 눈이 어두워 머릿속에 나쁜 생각만 가득 차니까요."

형의 얼굴을 슬쩍 곁눈질하더니, 동생이 계속 말했어.

"그뿐이 아니에요. 형이 가지고 있는 금덩어리도 내 것이었으면 좋겠다는 생각마저 고개를 들더군요. 세상에, 형제 간에 차마 해서는 안 될 나쁜 생각이지요. 아, 이러다간 큰일 나겠구나. 사람의 살림살이를 풍요롭게 할지는 몰라도, 사람의 마음을 더럽히는 물건이 바로 금덩어리로구나. 이런 생각이 들었어요. 그래서 금덩어리를 강물 속에 던져 버린 것이랍니다."

동생의 말을 듣고 있던 형이 고개를 끄덕였어.

"네 말이 정녕 옳구나. 금덩어리를 가지고 있으면 우리 형제 사이가 벌어질 게 틀림없다. 금덩어리를 버리고 공부에 전념하도록 하자."

그러고는 형도 품속에서 금덩어리를 꺼내 강물 속에 던져 버렸지.

이 두 사람이 바로 고려 시대의 어진 선비 이억년, 이조년 형제란다. 그리고 공암 나루 앞 한강은 형제가 금덩어리를 던졌다고 해서, '투금탄'이라 불리게 되었단다. 형제의 부모님은 자식이 억만년 넘게 오래오래 살라는 뜻으로, 이름을 이억년, 이조년이라 지었다고 하는구나.

동생 이조년은 〈다정가〉란 시조를 지어 널리 알려져 있지.

이화에 월백하고 은한이 삼경인데
일지춘심을 자규야 알랴마는
다정도 병인 양하여 잠 못 들어 하노라.

고등학교 국어 교과서에 실렸을 정도로 유명한 시조야. 쉬운 말로 옮기면 그 뜻이 대략 이러하단다.

'배꽃이 피어 달빛이 하얗게 빛나고 밤이 깊어갈 때 / 슬피 우는 두견새가 내 마음을 알겠는가마는 / 정 많은 것도 병인가 하여 잠을 못 이루겠노라.

그건 그렇고 이억년, 이조년 형제는 이름처럼 억만년을 살았을까.

그렇진 않아. 보통 사람들처럼 백 살도 못 살고 저 세상으로 떠났으니 말이야. 하지만 금덩어리를 강물에 던져 버린 이야기 속에서는 아직껏 살아 있잖아. 1000년 이상 살아 있잖아.

어디 그뿐인가. 동생 이조년은 〈다정가〉란 시조를 통해서 오늘날까지 꿋꿋하게 살아 있잖아. 호랑이는 죽어서 가죽을 남기고 사람은 죽어서 이름을 남긴다는 말을, 한 번쯤 들어서 알고 있을 거야.

역사에 이름을 남긴다는 게 이렇듯 무겁고도 무서운 일이란다.

고려 때 세금을 옮긴 교통로, 한강

공암 나루 앞 한강

고려는 왕건이 후고구려를 세운 궁예를 몰아내고 918년에 세운 나라야. 그 뒤 견훤이 전라도 지역에 세운 후백제를 정복하고, 신라 왕의 항복을 받아 한반도를 통일했지. 대대로 개경 지역 귀족이었던 왕건은 919년 궁궐을 짓고 개경을 도읍으로 삼았어.

개경은 북한에 있는 지금의 개성 지방을 말해. 이성계가 조선을 세우고 1394년 한양으로 도읍을 옮길 때까지 500여 년간 한 나라의 중심지였지.

고려 시대에 한강은 수도 개경과 남쪽 지방을 잇는 중요한 교통로였어. 개경에서 남쪽으로 내려가는 사람과 물건은 파주를 거쳐 서울로 내려와 전라도와 경상도로 가게 되었지.

고려 시대에는 화폐가 발달하지 않아 세금을 곡식과 베 등의 직물로 냈는데 양도 많고 무거워서 운반하기가 쉽지 않았어. 그때는 지금처럼 도로가 잘 닦이지 않았으므로, 짐을 멀리 나를 때에는 수레보다는 배를 이용하는 경우가 더 많았지.

곡식과 베 등의 세금을 배로 실어 나르는 길을 '조운로'라고 한단다. 전국의 마을마다 강변에 창고를 짓고 곡식이나 베 등을 거두어 놓았다가 한강을 통해 서울로 운반하는 것이지. 이런 이유로 한강에는 나루가 많았고 오고 가는 사람도 많았어. 그래서 고려는 한강을 끼고 있는 서울을 '남경'이라고 부르고 수도 개경만큼 중요하게 여겼단다.

7. 정도전과 무학 대사의 경복궁 짓기

- 왕십리, 한양도성 -

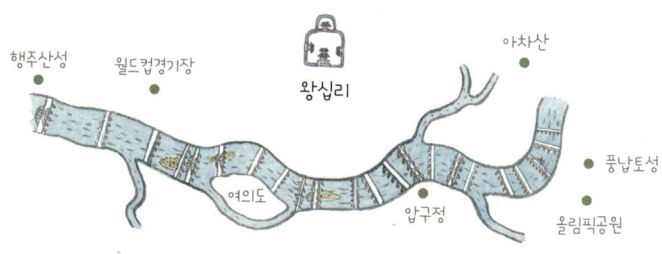

고려 왕조를 무너뜨리고 조선을 개국한 이성계는 하루속히 도읍을 옮기고 싶었단다. 자신을 바라보는 개경 사람들의 눈길이 곱지만은 않다는 걸 알고, 그것이 가시처럼 마음에 걸렸던 거야. 그뿐이 아니라, 새로운 왕조가 일어났으면 도읍을 옮기는 게 당연하다고 생각했지.

이성계는 무학 대사에게 새 도읍터를 알아보라고 일렀단다. 무학 대사는 이성계가 가장 믿고 의지하는 스님이었지. 이성계는 은근히 충청남도 계룡산 근처를 마음에 두고 있었어. 무학 대사는 계룡산을 한 바퀴 둘러본 뒤 새 도읍지로 적당하지 않다고 판단했어. 해서 무학 대사는 북한산이 있는 한양을 찾아갔단다.

왕십리 일대를 헤매다가, 무학 대사는 그곳 노인들에게서 뜻밖의 이야기를 전해 들었어. 옛날에 도선 국사가 '왕십리'라는 글자를 돌에 새겨 두었다는 거야. 즉 새로운 도읍터는 그곳에서 10리를 더 간 곳이 적당하다는 뜻이었지.

무학 대사는 왕십리에서 10리를 거슬러 올라갔어. 과연 인왕산과 북악산 아래 왕궁을 지을 적당한 도읍터가 눈에 띄더래. 무학 대사는 한양 땅에 새 도읍을 세우라고 이성계에게 아뢰었어. 이성계도 좋다고 허락했지.

그런데 궁궐을 어느 곳에 짓느냐 하는 문제로 무학 대사와 정도전은 날카롭게 대립했단다. 정도전은 이성계를 도와 조선을 개국한 일등 공신이야.

무학 대사는 인왕산 아래에 궁궐을 지어야 한다고 주장했어. 그리고 경복궁을 동쪽을 바라보게 지어야 나라가 태평할 것이라고 했지. 정도전의 생각은 무학 대사와 아주 달랐단다. 정도전은 이성계를 설득했어.

"예로부터 동쪽 방향으로 궁궐을 짓고 나라를 다스린 일은 없사옵니다. 모두 태양이 오래 머무는 남쪽 방향으로 궁궐을 짓고 나라를 다스렸사옵니다. 따라서 무학 대사의 주장은 이치에 어긋나는 것이옵니다."

이성계가 물었단다.

"그대가 생각하는 바를 분명하게 말해 보라."

정도전이 자신 있게 말했어.

"궁궐터는 인왕산이 아니라 북악산 아래가 가장 좋사옵고, 궁궐의 방향은 남쪽을 향해야 하옵니다."

결국 이성계는 정도전의 손을 들어 주었어. 그 뒤 한양으로 도읍을 옮기는 사업은 일사천리로 진행되었지. 마침내 이성계는 1394년 10월 25일 고려의 수도 개경을 떠나 한양으로 도읍을 옮겼단다.

무학 대사는 땅이 꺼져라 한탄했어. 그러고는 쓸쓸히 한양 땅을 등지며 이런 예언을 남겼단다.

"내 말을 듣지 않았으니, 장차 이 나라 왕실에서 피비린내가 끊이지 않을 것이며, 얼마 가지 않아 반드시 내 말을 깊이 생각할 날이 올 것이다."

그런데 재미있는 이야기가 한 편 더 전해지고 있단다. 신라 때의 고승 의상 대사가 오래전에 이런 예언을 했다는 거야.

"먼 훗날 한양에 도읍을 정하려는 임금이 나타날 것이다.

그때 스님의 말을 듣고 따르면 나라가 태평하고 좋은 일이 연달아 일어날 것이다. 하지만 정씨 성을 가진 사람이 나와 시비하고 탓하면, 다섯 임금이 채 못 가서 임금의 사리를 뺏기는 재앙이 뒤따를 것이다. 또한 도읍을 정하고 200년쯤 뒤에는 나라가 위태로운 국난을 겪게 될 것이로다."

이 예언에서 말하는 스님은 두말할 것도 없이 무학 대사를 가리킨다고 봐야겠지. 정씨 성을 가진 사람은 당연히 정도전이고 말이야.

그런데 무학 대사와 의상 대사의 예언이 착착 들어맞은 것일까.

이성계의 다섯째 아들 이방원이 제1차와 제2차에 걸쳐 왕자의 난을 일으켰어. 이방원은 배다른 동생을 죽여 궁궐 안에 피비린내가 진동하게 만들었지. 그뿐이 아니야. 조선의 여섯째 임금은 나이 어린 단종이었어. 그런데 삼촌인 수양 대군에게 임금 자리를 빼앗기고, 끝내는 사약을 받아 죽었단다.

그리고 또 한 가지 끔찍한 일이 일어났어. 이성계가 조선을 건국한 해는 1392년이야. 그로부터 정확하게 200년이 지난 1592년, 일본이 우리나라를 침략한 임진왜란이 일어난 거야.

 그때 삼천리금수강산은 백성들의 피로 물들었단다. 한강도 시뻘겋게 물이 들 정도였다고 해.
 이 모든 역사적 사실들이 예언에 따라 이루어진 것이라면, 몸서리쳐지는 예언이 아닐 수 없어.

8. 원수 같던 부자 태조와 태종

- 살곶이다리 -

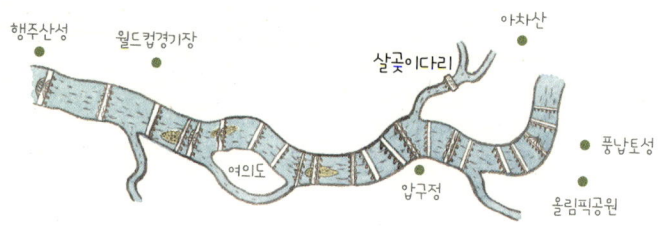

앞에서도 말했듯이 조선의 첫 임금은 태조 이성계야.

이성계 다음으로 임금 자리에 오를 자는 누구일까, 사람들은 몹시 궁금해했지. 다들 조선을 건국하는 데 가장 공이 큰 다섯째 아들 이방원이 왕세자가 되리라 예상했어. 하지만 예상은 보기 좋게 빗나갔지. 둘째 부인인 신덕왕후가 낳은 이방석이 세자로 책봉된 거야. 이것이 바로 제1차 '왕자의 난'이 일어난 불씨란다.

이방원은 자기를 따르는 사람들을 조용히 움직였어. 그러고는 이성계와 함께 이방석을 두둔한 정도전을 먼저 죽여 버렸지. 하지만 일은 거기서 그치지 않았어. 세자 이방석을 끌어다가 역시 목을 베어 버렸단다. 그 소식을 듣고 이성계는 펄펄 뛰며 치를 떨었지. 아들 이방원이 설마 이복동생이자 세자인 이방석마저 죽이리라곤 예상하지 못했던 거야. 이것이 제1차 왕자의 난이란다.

이성계는 큰 충격을 받았어. 임금을 하고 싶은 마음조차 싹 달아날 정도였지. 그리하여 둘째 아들 이방과에게 서둘러 왕위를 내주고 상왕으로 물러났단다. 첫째 아들 이방우는 이미 죽었기 때문에 둘째 아들에게 물려준 거야. 하지만 이방과는 허수아비 왕에 지나지 않았어. 이방원이 실권을 쥐고 있었기 때문이지.

이성계의 넷째 아들 이방간은 동생 이방원이 마음에 들지 않았어. 그래서 자기 힘으로 이방원을 제압하려고 했지. 하지만 호락호락 당하고 말 이방원이 아니었지. 이방간은 오히려 이방원에게 역습을 당하여 죽고 말았어. 이방간과 그를 따르는 군신들의 죽음으로 왕궁은 또 다시 피로 물들었지. 이것이 제2차 왕자의 난이란다.

조선의 제2대 임금인 정종은 동생 이방원이 두려웠어. 언제 이방원의 칼끝이 자기 목을 겨눌지 모르는 일이었으니까. 정종은 죽는 길보다 사는 길을 택하기로 마음먹었어. 스스로 임금 자리를 동생 이방원에게 넘겨주고 상왕으로 물러난 거야. 마침내 이방원이 왕의 자리에 올랐으니 그가 바로 조선의 제3대 임금인 태종이란다. 조선 최고의 임금인 세종 대왕의 아버지이기도 하지.

"형제가 서로 죽고 죽이는 꼴을 더는 보고 싶지 않도다!"

이성계는 태상왕이 되었으나, 아들 이방원이 꼴도 보기 싫다며, 고향인 함흥으로 가 버렸어. 이방원은 함흥으로 사람을 보내 아버지를 모셔 오도록 했어. 그런데 함흥에 차사로 간 사람은 모두 목숨을 잃고 돌아오지 못했단다. 이성계가 죽여 버린 거야. 그만큼 이성계의 마음이 아들 이방원에게서 돌아섰다는 증거였지.

그렇게 세월이 한참 흐른 뒤, 함흥에서 태조 이성계가 돌아온다는 소식이 들려왔어. 태종 이방원이 이제나저제나 하고 학수고대한 일이었지. 태종은 궁궐 바깥 뚝섬 벌까지 나가 친히 아버지를 맞이하려고 커다란 천막을 설치했어. 그때 신하 하륜이 조심스레 태종에게 말했어.

"태상왕의 노여움이 아직 다 풀리지 않았사옵니다. 그러니 어떤 일이 벌어질지 짐작할 수가 없사옵니다. 아주 커다란 통나무를 가져다가 천막을 받치는 기둥으로 삼으십시오."

태종은 그렇게 하라고 허락했어. 그리하여 열 아름이나 되는 커다란 통나무를 천막 기둥으로 썼단다.

이윽고 태조가 천막 가까이에 모습을 나타냈어. 태종은 의복을 차려입고 앞으로 나아가 태조에게 인사를 하려고 했지. 그 모습을 보고, 태조는 갑자기 화가 치밀어 얼굴빛이 붉으락푸르락했어. 태조는 급히 아들 태종을 향해 '피융!' 화살을 쏘았단다. 태조 이성계의 활솜씨는 젊었을 때부터 백발백중을 자랑할 만했어. 태종은 잽싸게 통나무 뒤로 몸을 숨겼어. 태조가 쏜 화살은 통나무 기둥에 꽂혔단다.

태조가 화를 풀고는 껄껄껄 웃으며 말했어.

"하늘이 내 아들 이방원을 살려 두라 하는구나!"

그리고는 가져온 옥새를 아들 태종에게 내주었어.

"네가 갖고 싶어 하는 게 바로 이것이니 이제 가지고 가라."

태종은 눈물을 흘리면서 세 번 사양한 뒤에 옥새를 받았단

다. 이어 태조를 맞이하는 잔치가 마련되었어. 태종은 잔을 받들어 아버지인 태조에게 직접 올리려고 했단다. 그때 신하 하륜이 나서서 말렸어.

"전하께서 직접 잔을 올리면 위험할 수 있습니다. 잔에 술을 따르기는 하되 태상왕께 잔을 올리는 일은 내시를 시키십시오."

태종은 하륜이 시키는 대로 했지. 태조가 잔을 받아 벌컥벌컥 마신 뒤 또 한 차례 껄껄껄 웃었단다. 태조는 소매 속에서 쇠방망이를 꺼내어 자리 옆에 놓으며 말했어.

"이 또한 하늘이 시키는 일이로다!"

신하 하륜 덕분에 태종은 두 차례나 목숨을 건질 수 있었지.

이때부터 오늘날의 성수동 일대인 뚝섬 벌은 살곶이 벌로 불리게 되었어. 살곶이란 화살이 꽂힌 자리라는 뜻이야.

그런데 왕궁에서 살곶이 벌로 가려면 꽤나 넓은 중랑천을 건너야 했어. 비가 많이 내리는 여름철엔 배를 타고 건너려면 몹시 위험한 곳이었지. 태종은 그곳에 돌다리를 놓으라고 명령했단다.

그렇게 해서 생겨난 돌다리가 바로 살곶이다리야. 살곶이다리는 조선 시대 최고의 돌다리인데, 중랑천과 청계천이 만나는 바로 아래쪽에 오늘날까지 굳건하게 남아 있어. 직접 본 사람들은 감탄을 하지. '저렇게 크고 육중한 돌다리를 조선 시대에 어떻게 세울 수 있었을까.' 하고 말이야.

중랑천은 살곶이다리를 지나 곧바로 본류인 한강과 합쳐진단다.

지명이 들어간 속담 들어 봤니?

 태종 이방원이 태조 이성계를 데려오라고 함흥에 사람을 보냈다고 했지? 왕이 보낸 심부름꾼을 '차사'라고 해. 그런데 함흥에 간 차사들은 태조에게 죽임을 당해 한양으로 돌아올 수가 없었어. 이 이야기를 빗대어서 어떤 곳에 심부름을 간 사람이 깜깜무소식일 때 '함흥차사'라 한단다.
 지명과 관련된 속담이나 사자성어를 더 알아볼까?
 '안성맞춤'이란 말을 한두 번쯤은 들어 봤을 거야. 어떤 물건이 자기 마음에 딱 들어맞을 때 '안성맞춤'이란 비유를 쓰곤 하잖아. 여기서 '안성'은 경기도 안성 지역을 가리킨단다. 옛날에는 안성에서 만든 놋그릇을 최고로 쳤어. 그만큼 손님 마음에 딱 들어맞게 만들어졌다고 해서 '안성맞춤'이란 말이 생겨난 것이란다.
 '한강투석'은 한강에 돌 던지기라는 말로, 지나치게 작아서 전혀

　효과가 없는 일을 빗댄 사자성어야. 그 넓은 한강에 돌 하나 던져서는 티도 안 난다는 뜻이지.
　'한강'이 들어가는 속담도 많아. '한강 가서 목욕한다.'는 말이 있는데, 어떤 일을 일부러 먼 곳에 가서 해 봐야 별로 신통할 것이 없다는 뜻으로 사용하는 속담이란다. '한강 물 다 먹어야 짜냐.'는 속담도 있어. 어떤 일이든 조금만 시험해 보면 전체적인 걸 미루어 짐작할 수 있다는 뜻을 담고 있지.
　'남산에서 돌팔매질을 하면 김씨나 이씨 집 마당에 떨어진다.'는 속담은 우리나라 사람 성에 김씨와 이씨가 그만큼 많다는 걸 뜻해.
　'종로에서 뺨 맞고 한강에서 눈 흘긴다.'는 속담은 억울함을 당한 자리에서는 아무 말도 못 하고, 엉뚱한 곳에 가서 불평하는 걸 비유한 말이야.

9. 단종과 정순 왕후의 슬픈 이별

- 영도교, 광장동 -

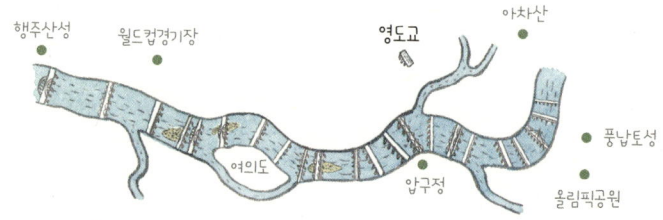

　조선 제6대 임금 단종은 열두 살이라는 어린 나이에 임금이 되었어. 단종은 세종 대왕이 몹시 아끼던 손자란다. 그런데 단종이 왕이 되던 해인 1453년, 삼촌인 수양 대군이 충신인 김종서, 황보인 등을 죽이고 권력을 휘어잡는 사건이 일어났어. 이것이 바로 계유정난이란다.

　그 바람에 단종은 말이 좋아 임금이지 허수아비나 마찬가지였어. 하지만 어리다고 해서 세상 돌아가는 이치를 아주 모를 리 없었지. 단종은 1455년, 그러니까 임금의 자리에 오른 지

3년 만에 수양 대군에게 스스로 왕의 자리를 넘겨주었어. 이렇게 빼앗듯이 왕의 자리에 오른 수양 대군이 조선의 제7대 임금인 세조란다.

그런데 세조 2년인 1456년, 집현전 학자들을 중심으로 단종을 다시 임금으로 추대하려는 움직임이 있었어. 하지만 뜻을 펴기도 전에 배반자가 생겨 모조리 죽임을 당하고 말았지. 그 대표적인 인물이 성삼문, 박팽년, 하위지 등 사육신이야.

이 사건이 있은 뒤, 어리기는 하지만 단종이 궁궐에 머물고 있다는 게 세조에겐 눈엣가시 같았어. 해서 단종을 멀리 유배 보내기로 마음먹었단다.

세조 3년인 1457년, 단종은 상왕의 자리에서 물러나 노산군으로 신분이 바뀌었어. 이어 멀리 강원도 산골짜기에 있는 영월 땅으로 귀양을 가는 신세가 되었지.

세조는 그 전에 단종의 부인 정순 왕후 송 씨를 먼저 궁궐 밖으로 쫓아냈어. 단종의 비였던 정순 왕후는 하루아침에 서민으로 신분이 바뀌었지.

단종이 유배를 떠나는 날, 정순 왕후는 아침 일찍 동대문 밖 영도교로 향했어. 멀리 떠나는 남편의 마지막 모습을 보기 위

 해서였지. 정순 왕후는 궁궐에서 쫓겨날 때, '사대문 밖에 거주하되 한양을 벗어나 멀리 가지 마라.'는 명령을 받은 상태였단다.

 정순 왕후는 남편인 단종을 따라가고 싶었어. 함께 유배를 보내 달라고 사정을 해 보았지. 하지만 받아들여지지 않았어. 그뿐이 아니었지. 단종을 배웅하는 마지막 이별 장소로 영도교를 넘어가지 못하도록 했단다.

 영도교는 의미가 깊은 다리야. 동대문 밖 창신동에 있는데 청계천을 가로지르는 아주 작은 돌다리지. 그런데 도성 안에서 사람이 죽으면 상여 행렬이 지나가는 다리가 바로 영도교야. 그렇기 때문에 '영영 이별하는 다리'라는 뜻을 가지고 있었단다.

그러니까 정순 왕후에게 영도교에서 단종과 이별하라는 것은, 두 번 다시 남편의 모습을 보지 못한다는 뜻이기도 했단다. 그런 생각을 하자, 정순 왕후는 가슴이 무너져 내리는 것 같았지.

어디 그뿐인가. 남편을 마지막으로 떠나보내는 길이건만, 정순 왕후는 가까이 다가가서 손을 잡아 볼 수도, 부둥켜안고 펑펑 눈물을 흘릴 수도 없었단다. 50명이 넘는 호위 군사가

사람들의 접근을 가로막았기 때문이야. 아내인 정순 왕후조차도 떠나는 단종의 모습을 직접 볼 수 없었어. 정순 왕후는 먼 발치에서 유배를 떠나는 남편을 하염없이 바라보며 속울음을 삼키는 수밖에 없었단다.

 평생을 함께 살자고 약속했던 부인을 뒤로하고, 단종은 호위 군사를 따라 영도교를 건넜어. 그리고 중랑천을 가로지르는 살곶이다리를 건넜어. 이어 한양의 동쪽 광나루에서 배를 타고 한강을 건넜지. 그리고 멀고 먼 강원도 영월 땅으로 돌아올 수 없는 귀양길을 떠났단다.

 정순 왕후는 조금이라도 영월을 가까이서 바라볼 수 있는 동대문 밖 숭인동에 있는 언덕의 초가집에서 시녀들과 함께 어렵게 생계를 꾸려 갔어. 세조가 영빈정이란 집을 내려 주고 먹을 것과 입을 것을 보내 주었으나, 정순 왕후는 끝끝내 거절하고 늘 흰옷을 입고 채소로 만든 음식만 먹으며 생활했어.

 한편, 영월로 유배를 떠난 단종은 그 뒤 어떻게 되었을까.

 금성 대군은 세종의 여섯째 아들이고 세조의 친동생이야. 그는 어린 조카인 단종을 쫓아내고 왕의 자리에 오른 세조가 마음에 들지 않았단다. 해서 세조를 비판하는 일에 앞장서곤

했어. 그러자 간신 한명회가 세조에게 말했단다.

"전하를 비판하는 세력이 끊이지 않는 것은 단종이 아직 살아 있기 때문입니다. 이쯤에서 단종의 목숨을 거두도록 하십시오."

세조는 그 말을 옳게 여겼어. 즉시 사약을 내려 단종의 목숨을 거두라고 명령했지. 임금의 명령인데 감히 누가 거역할 수 있으랴. 멀리 강원도 산골짜기 영월의 청령포로 유배 가 있던 단종은 사약을 받고 곧 죽고 말았단다.

참으로 안타까운 일이었지. 하지만 안타까움은 그뿐이 아니었어. 죽은 단종의 시체를 청령포 앞 강물에 수장시키려 했단다. 그것을 홀로 막아 낸 사람이 있었어. 영월에서 낮은 벼슬을 하던 엄흥도라는 사람이지. 엄흥도는 목숨을 걸고 단종의 시신을 몰래 수습했어. 그리고 양지바른 언덕배기에 묻어 주었단다. 그곳이 오늘날 단종의 능이 있는 장릉 자리란다.

정순 왕후는 한양에서 단종이 죽었다는 소식을 들었지. 하루도 빠짐없이 언덕 위에서 영월 쪽을 바라보며 눈시울을 적셨다고 해. 그리고 죽을 때까지 언덕배기 초가집을 떠나지 않았다는구나.

계유정난은 이런 내용이야

　몸이 허약했던 조선 제5대 임금 문종은 자기가 일찍 죽을 것 같아 어린 왕세자가 걱정되었어. 해서 영의정 황보인, 좌의정 남지, 우의정 김종서 등에게 자기가 죽으면 어린 왕세자를 잘 보필해 달라고 부탁했단다. 세 사람 중 좌의정 남지는 병으로 벼슬을 그만두어서, 후임인 정분이 대신 당부를 받았다고 해.
　그런데 문종의 동생, 수양 대군은 1453년 문종의 부탁을 받은 세 사람 중 지혜와 용기를 갖춘 김종서의 집에 쳐들어가 그와 두 아들의 목을 쳤어. 그러고는 '김종서가 역적질을 해서 죽였는데, 너무 급해 조정에 알릴 틈이 없었다.'며 나중에 보고했지. 그리고 단종의 명령이라 속여 중신들을 궁궐로 불러들였어. 수양 대군은 미리 계획한 대로 대궐로 들어오는 영의정 황보인, 이조 판서 조극관, 찬성 이양 등을 죽였어. 좌의정 정분과 조극관의 동생 조수량 등은 귀양을 보냈다가 죽였지. 그뿐이 아니야. 친동생인 안평 대군은 '황보인,

김종서 등과 한패가 되어 왕위를 빼앗으려 했다.'고 누명을 씌워 강화도로 귀양 보냈다가 뒷날 독약을 내려 죽였단다.

그리하여 수양 대군은 반대파를 모두 없애고 정권을 장악했어. 스스로 의정부 영사와 이조 판서, 병조 판서, 내외 병마 도통사 등을 겸직했고, 정인지를 좌의정, 한확을 우의정으로 삼았지. 집현전 학자들에겐 자기를 찬양하는 글을 짓도록 했단다.

이 일이 계유년에 일어났기 때문에 '계유정난'이라고 해.

10. 노량진 사육신의 묘

- 사육신공원 -

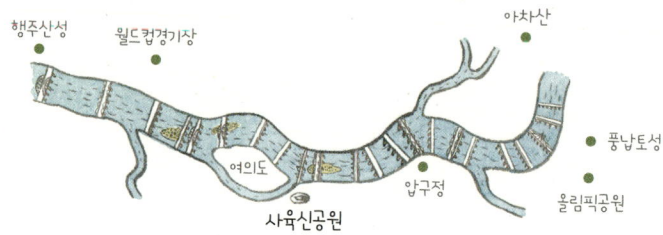

　수양 대군이 왕(세조)이 된 1455년 12월 초순, 어느 날이었어.

　집현전 학자 성삼문의 집에서 박팽년, 이개, 하위지, 유성원 등이 모여 함께 술잔을 비웠어. 그들도 성삼문과 마찬가지로 집현전 학자들이었지. 한참 술잔을 기울이다가 말고, 성삼문이 눈물을 흘리며 돌연 입을 열었어.

　"목숨을 바쳐 충성을 다해야 할 임금이 보위에서 쫓겨났네. 어디 그뿐인가. 지금은 허수아비처럼 궁궐 안에 갇혀 지내고 계신다네. 그런데 아무것도 할 수 없는 나 자신이 한심스럽다네. 역적 수양 대군과 한명회, 신숙주 등을 죽이지 못하는 것도 너무나 한스럽구먼. 도대체 이 일을 어찌하면 좋겠는가?"

박팽년이 기다렸다는 듯이 대답했지.

"이렇게 한탄만 하고 있을 일이 아니네. 오늘 이 자리에 모인 우리부터 뜻을 하나로 모은 다음, 뜻을 같이할 사람들을 더 끌어모아 힘을 길러야 하네. 그런 다음 기회를 엿보아 역적 무리를 처단하도록 하세."

"나도 찬성일세."

"당연히 나도 찬성이라네."

이렇게 해서 다섯 사람은 뜻을 함께하기로 굳게 맹세했어. 그러고는 비밀리에 사람들을 모으기 시작했지.

이듬해인 1456년 4월이었어.

성삼문의 아버지이자 무인인 성승과 박팽년의 아버지인 박중림을 비롯하여 70여 명이 큰일을 벌이기로 뜻을 모았어. 큰일이란 세조와 한명회를 죽이고 단종을 다시 임금의 자리에 앉힌다는 것이었지.

때마침 좋은 기회가 찾아왔어. 중국에서 온 사신을 위해 잔치를 베푸는 자리가 있었는데, 마침 임금을 호위하는 무사로 성삼문의 아버지 성승과 뜻을 함께하기로 맹세한 유응부가 선택된 거야. 성승과 유응부는 임금의 곁을 지키고 있다가, 잔치가 무르익을 무렵 세조와 한명회, 신숙주의 목을 단칼에 베기로 했단다.

그런데 세상에! 갑자기 잔치를 베푸는 자리에 호위 무사를 두지 않는다는 거야. 절호의 기회가 날아가 버리는 상황이 된 것이지. 그러자 두려움을 느낀 김질이란 자가 장인 정창손과 함께 세조에게 그동안 계획했던 일을 죄다 일러바쳤어. 그 바람에 단종을 다시 임금으로 모시려던 사람들은 모조리 붙잡히고 말았단다.

노량진은 한강의 남쪽에 있어. 노량진에서 배를 타고 북쪽으로 한강을 건너면 드넓은 백사장이 있는데 이름이 새남터야. 새남터는 일찍부터 사형장으로 이용되었지. 나루터를 오가는 많은 사람들에게 죄인을 사형하는 모습을 보게 해서, 경계심을 갖게 하려는 셈이 있었던 거야.

단종을 다시 임금으로 모시려던 사람들을 붙잡아 사형을 집행한 장소도 새남터였어. 새남터로 끌려가면서 성삼문은 마지막으로 시 한 수를 읊었단다.

북 치며 목숨을 재촉하는데
돌아보니 해가 서산에 걸렸구나.
저승 가는 길엔 주막도 없다는데
오늘 밤은 어디서 쉬어갈꼬.

성삼문과 함께 단종을 다시 임금으로 모시자고 뜻을 모았던 충신 여섯 명을 사육신이라 한단다. 성삼문, 박팽년, 유응부, 이개, 하위지, 유성원이 바로 사육신의 이름이야. 사육신의 시체는 갈기갈기 찢겨져 며칠 동안 새남터 모래밭에서 나뒹굴었지. 며칠이 지난 어느 밤이었어. 추적추적 밤비가 내리고 있

었지.

 그때 한 스님이 나그네 차림으로 홀연히 나타났어. 스님은 사육신의 시체를 하나하나 거두었단다. 그런 다음 뱃사공을 불러 나룻배에 실었지. 스님과 뱃사공은 캄캄한 밤중에 한강을 건너 노량진에 도착했어. 스님은 시체를 짊어지고 노들강변 야산으로 올라갔어. 뱃사공은 삽과 곡괭이를 담은 지게를 지고 스님을 뒤따랐지. 빗발이 점점 굵어지고 있었어.

 하늘을 우러르며 스님이 혼잣말을 했단다.

 "하늘도 충신들의 죽음을 슬퍼하여 눈물을 흘리는구나."

스님과 뱃사공은 야트막한 산꼭대기에 이르렀어. 스님은 한강을 등진 남쪽으로 방향을 잡았단다. 그런 다음 뱃사공과 함께 땅을 파기 시작했어. 밤새도록 땅을 파서 겨우겨우 무덤 여섯 개를 만들었지.

무덤의 방향을 한강을 등진 남쪽으로 잡은 건 죽어서도 세조가 머무는 경복궁 쪽을 안 바라보게 하기 위해서라고 해.

사육신의 시체를 거두어 무덤을 만든 스님은 누구였을까.

다섯 살 때 세종 대왕 앞에서 시를 지어서 세상을 놀라게 한 오세 신동 김시습이란다. 김시습이 사육신의 주검을 거두어 준 건 23세 때였어.

숙주나물은 신숙주 나물

　신숙주는 사육신으로 알려진 성삼문, 박팽년, 하위지, 이개와 함께 집현전 학자가 되어 세종 대왕과 한글 만드는 일을 함께한 사람이야. 세종은 아들 문종이 왕이 되자, 둘째 아들 수양 대군과 셋째 아들 안평 대군이 미덥지 않았어. 그래서 집현전 학자들을 비롯한 충신들에게 문종의 아들 단종을 잘 보살펴 달라고 부탁했지.
　그런데 수양 대군이 계유정난을 일으켜 단종을 임금 자리에서 내쫓고 왕이 된 뒤에 집현전 학자들은 서로 다른 길을 걷게 된단다. 성삼문, 박팽년, 하위지, 이개 등은 세조를 임금 자리에서 끌어내리고 단종을 다시 임금으로 앉히려 했다가 죽임을 당하고, 신숙주는 사육신과 반대로 수양 대군 편에 서 목숨을 건졌지.
　신숙주는 학자이기도 했지만 뛰어난 정치인이었어. 수양 대군이 세조가 되기 전 함께 명나라에 다녀온 뒤부터 신숙주는 세조 편에 서게 되었는데 그 덕분에 벼슬자리도 높아졌다. 하지만 사육신의

입장에서 보면 신숙주는 한갓 변절자였던 셈이야.

  만두를 빚을 때 넣는 숙주나물은 원래 이름이 녹두나물이야. 그런데 보관을 잘못하면 금방 상해 버려. 아마 그런 특성 때문이었을 거야. 어느 때부터인가 신숙주처럼 쉽게 변하는 나물이라고 해서 녹두나물은 숙주나물이 되었다고 해. 이제 숙주나물을 보면 신숙주와 사육신이 생각날지도 모르겠네.

11. 한명회의 정자 압구정

- 압구정동 -

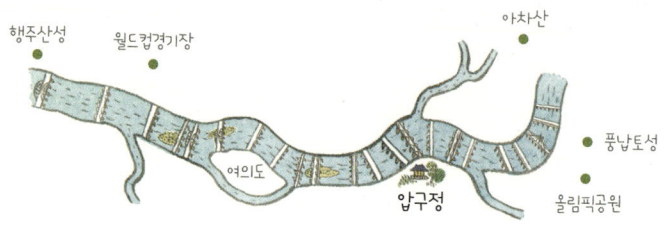

　경치가 아주 빼어난 한강의 남쪽 강변에 '압구정'이란 정자가 있었어.
　'압구정'이란 이름은 '부귀공명 다 버리고 강가에서 갈매기와 벗하며 지낸다.'는 뜻을 담고 있지. 조선 시대 최고의 화가 가운데 한 사람인 정선은 그 정자를 보고 '압구정도'란 그림을 그려 세상에 남겼어.
　정선의 그림을 글로 찬찬히 설명하면 이런 내용이란다.

화폭엔 봄빛이 가득하고 멀리 산들이 아늑하게 둘러 있네.

화폭의 가운데로 강물이 유유히 흘러가고, 강 한가운데 나룻배가 한 척 한가롭게 떠 있네.

강 건너편 낮은 언덕에 기와집이 두 채 오롯이 자리 잡고 있는데, 앞에 있는 것은 살림집이고 뒤에 있는 것은 정자라네. 담장을 따라 왼편엔 소나무가 몇 그루 있고 오른쪽으로는 아담한 초가집들이 작은 마을을 이루고 있네.

살림집 앞엔 수양버들이 바람에 나부낀다네.

이 압구정의 주인이 바로 한명회란다.

한명회는 태종 15년인 1415년 세상에 태어났어. 그런데 열 달이 아니라 여덟 달 만에 태어나 팔삭둥이라 놀림을 받으며 자랐지. 어려서부터 글 읽기를 좋아하여 꼬박꼬박 과거 시험을 보았으나 번번이 떨어졌단다.

하지만 세상 돌아가는 일을 보고 대처하는 능력이 뛰어났지. 의견을 들어 보면 놀랄 정도로 탁월했고 말이야. 사람들은 그를 가리켜 장차 큰 그릇이 될 것이라 했어. 그는 나이 38세가 되어서야 벼슬길에 올랐단다. 아니, 벼슬이랄 것도 없었지. 고작 궁궐을 지키는 궁궐지기였으니 말이야. 공교롭게도 문종이 세상을 떠나고 어린 단종이 왕위에 오른 때였어.

그 무렵 한명회가 친구 권람에게 말했어.

"요즘 세상 돌아가는 모습이 참으로 뒤숭숭하구먼. 이럴 때는 나라를 평안하게 하여 백성을 구하는 일이 무엇보다 중요하다네. 그것을 실현할 힘과 능력을 갖춘 인물이 과연 누구일까?"

권람이 물었지.

"자네는 힘과 능력을 갖춘 인물이 누구라고 보는가?"

한명회는 딱 부러지게 말했어.

"수양 대군 외엔 다른 대안이 없다고 보네."

권람은 수양 대군과 아주 가까운 사이였어. 해서 곧바로 한명회의 말을 전했단다. 수양 대군과 한명회의 만남은 권람이 다리를 놓아 즉각 이루어졌어. 수양 대군은 한명회를 보자마자 마음에 쏙 들었단다. 두 사람은 뜻을 함께하기로 굳게 약속했지.

수양 대군은 계유정난을 일으키고, 어린 단종을 내쫓고 임금 자리를 차지했단다. 사약을 내려 단종의 목숨도 빼앗고 말이야. 이런 일들을 뒤에서 조종한 사람이 바로 한명회야. 그 바람에 일등 공신이 된 한명회는 조정의 주요 관직을 도맡게 된단다.

동부승지, 좌부승지, 우승지, 도승지, 이조 판서, 병조 판서, 우의정, 좌의정 마침내 영의정 자리에까지 올랐지. 하지만 한명회는 욕심이 끝이 없었어. 첫째 딸은 제8대 임금 예종에게, 둘째 딸은 제9대 임금 성종에게 시집을 보냈단다. 자매가 나란히 왕비가 된 예는 조선 왕조 500년 역사에서 이 한 차례뿐이었어. 2대에 걸쳐 임금의 장인이던 한명회의 권세는 하늘을

나는 새도 떨어뜨릴 정도였단다. 한명회는 스스로 시를 지어 자신의 정자인 압구정에 걸었단다. 이런 시였지.

젊어서는 사직을 보호하고
늙어서는 자연 속에 묻힌다.

젊어서는 나라를 위해 일하고 죽어서는 조용히 자연과 더불어 살겠다는 뜻이야. 한명회에게 아부하기를 좋아하는 사람들은 기가 막히게 좋은 시라며 칭송을 아끼지 않았지. 간신 곁에는 아부하는 사람들이 꼬이기 마련이니까 말이야.
그런데 어느 날 김시습이 압구정을 지나게 되었어.
김시습은 그곳에 걸려 있는 한명회의 시를 보고 조롱하는 시를 지어 세상에 남겼단다. 김시습의 뛰어난 해학 덕분에 사람들은 배꼽을 잡고 웃었지. 김시습이 한명회를 조롱한 시를 한번 살펴볼까.

젊어서는 나라를 망치더니
늙어서는 세상을 더럽히는구나.

한명회의 시를 살짝 비틀어 놓았을 뿐인데 얼마나 멋진가 말이야.

아무튼 한명회의 별장으로 이름이 높았던 압구정은 500년이 지난 지금에는 그 흔적조차 찾아볼 수가 없는 상태야. 다만 서울 강남구에 압구정동이란 동네 이름으로 남아 있을 뿐이지.

한명회도 나중에는 늙어서 죽었어.

그런데 제10대 임금 연산군 때에 연산군의 어머니인 폐비 윤 씨의 죽음을 적극적으로 막지 않았다는 이유로, 시신이 목이 잘리고 사지가 찢기는 부관참시란 형벌을 받았어. 살아생전에는 그렇게 권세가 높더니만 죽어 이런 끔찍한 일을 당하다니. 사람의 일생이란 참으로 알다가도 모를 일이야.

이름만 들어도 그 쓰임새를 알 수 있어

　한강 근처에는 유적지가 많아. 정자를 비롯해서 관청 건물도 꽤 있지. 지금까지 건물이 남아 있기도 하지만, 동네 이름으로 겨우 남아 있거나, 건물이 있던 터라는 안내판만 있는 유적지도 많단다.
　조선 시대에는 한강가에 여러 가지 목적으로 정자를 많이 지었어. 서울 동작구에 있는 용양봉저정은 정조 임금이 수원에 갈 때 쉬려고 지었고, 서울 마포구에 있는 망원정은 효령 대군의 별장으로 지은 거야. 용양봉저정은 건물 일부만 남아 있고, 망원정은 1925년 대홍수로 없어졌지만 다시 복원해서 지금은 직접 볼 수가 있단다. 눈치를 챘겠지만 이름 끝에 '정' 자가 붙은 것은 정자일 가능성이 높아. 이수정, 용왕정, 효사정, 압구정, 천일정, 제천정, 삼호정 등은 한강가에 있던 정자들이란다.
　광흥창, 염창은 어떤 쓰임새를 갖는 건물일까? 둘 다 이름 끝에 '창' 자가 붙어 있네. 맞아, 창고를 뜻하는 말이야. 광흥창은 한강 서북쪽 마포구 와우산 기슭에 있었어. 고려 시대 말부터 조선 시대까지 벼슬아치들의 봉급을 관리하던 곳이란다. 봉급을 왜 창고에서 관리하느냐고? 그때는 쌀과 콩 같은 곡물로 봉급을 주었거든. 그래

망원정

서 곡물을 보관하는 창고가 필요했던 거야. 지하철 6호선 광흥창역은 거기에서 이름을 따온 것이란다.

염창은 소금을 저장하는 창고라는 뜻이야. 조선 시대에 바닷가에 있는 염전에서 가져온 소금을 보관하는 창고가 마포 나루 근처에 있었단다. 그래서 뒷날 동네 이름마저 마포구 염창동이 된 거야.

선유도, 저자도처럼 '도' 자가 붙은 것은 섬이야. 저자도는 압구정동과 옥수동 사이에 있던 한강의 섬인데 조선 왕실에서 기우제를 지내던 곳이란다. 1970년대에 골재를 채취하기 시작하면서 서서히 없어졌지.

12. 권율 장군과 행주대첩

- 행주산성(고양시 행주내동) -

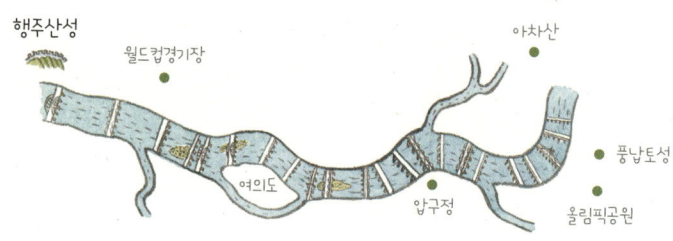

　이성계가 조선을 건국한 뒤 꼬박 200년이 흘렀어.
　의상 대사의 예언 대로인지는 몰라도 1592년 임진왜란이 일어났지. 삼천리금수강산이 백성들의 피로 물든 참혹한 전쟁이었어.
　선조 25년인 1592년 4월 14일, 고니시 유키나가가 거느린 왜군 선발대 약 1만 8천 명이 부산포에 상륙했지. 이것이 임진왜란의 시작이었어. 조정에서는 김명원을 도원수로, 신각을 부원수로 삼아 한강에 방어선을 펴게 했단다.

그런데 4월 29일 밤 신립 장군이 충주의 탄금대에서 크게 패했다는 보고가 올라왔어. 그러자 다음 날 아침 잔뜩 겁을 먹은 선조는 평양으로 피난길에 올랐단다. 한양 도성을 굳게 지켜야 할 임금이 가장 먼저 궁궐을 포기하고 멀리 북쪽으로 도망쳐 버린 거야.

도원수 김명원은 천 명의 군사를 거느리고 오늘날의 용산구 보광동에 있는 제천정 둘레에 진을 쳤어. 제천정은 한강이 한눈에 내려다보이는 언덕배기에 있는 정자야. 그러니까 왜군이 한강을 건너오는 것을 막기 위한 군사 요충지였지. 그런데 세상에! 왜군이 쏜 대포가 정자 옆에 떨어지자 도원수 김명원은 싸울 엄두조차 못 내고 무기를 몽땅 강물에 던져 버린 채 도망쳐 버렸단다. 그것이 대문을 활짝 열어 놓고 적군을 끌어들인 꼴이 아니고 뭐냔 말이야. 그 바람에 왜군은 아무런 저항도 받지 않고 한강을 건널 수 있었어. 한양은 곧 쑥대밭이 되었지.

이어서 고니시 유키나가가 이끄는 부대는 평안도로, 가토 기요마사가 이끄는 부대는 함경도로, 구로다 나가마사가 이끄는 부대는 황해도로 치고 올라갔단다. 그리하여 5월 29일엔 개성이, 6월 13일엔 평양이 차례차례 무너졌어. 이윽고 왜군은 함경도까지 진출하여 임해군, 순화군 두 왕자까지 생포했단다.

한편, 평양성마저 무너지자 선조는 다시 압록강 유역의 의주까지 피난하여 명나라에 지원병을 요청했어. 왜군을 물리쳐 조선을 구해 달라고 말이야. 그리하여 그해 12월 명나라 장군 이여송이 군사 4만 5천 명을 거느리고 압록강을 건너왔지. 명나라 군대는 빼앗겼던 평양성과 개성을 되찾는 성과를 올렸어. 하지만 그 기세도 잠시였지. 이듬해 1월 27일 한양 북쪽 벽제관에서 왜군의 기습을 받고 크게 패하여 개성으로 다시 후퇴하고 말았단다.

바로 이런 위급한 상황에서, 권율 장군이 이끄는 조선 군대가 행주산성에서 왜군을 맞아 치열한 전투를 치르게 되었단다. 전라도 순찰사 권율은 1592년 9월의 전투에서 이미 승리를 맛본 뛰어난 장군이었어. 12월엔 수원의 독산성을 지키고 있다가 1593년 2월에 어떡하든 한양을 되찾고자 행주산성에 진을 치게 된 거야.

행주산성은 서울 상암동 월드컵 경기장에서 일산 쪽으로 얼마 떨어지지 않은 곳에 있는데, 오늘날의 지명은 경기도 고양시 행주내동이야.

　권율 장군은 겨우 군사 2300명을 거느리고 행주산성에서 배수진을 쳤어. 배수진을 친다는 건 죽기를 각오하고 싸운다는 걸 의미해. 왜냐하면 뒤쪽은 한강이라 도망칠 수도 없고 앞쪽은 왜군이 버티고 있으니 싸우지 않을 수 없기 때문이지. 그런데 행주산성 앞쪽에 버티고 있는 왜군은 자그마치 3만 명의 대군이야. 2300명 대 3만 명의 전투라니, 권율 장군이 승리할 가능성은 거의 없어 보이지?

　마침내 2월 12일 새벽에 왜군은 행주산성으로 쳐들어와 성을 여러 겹으로 포위했어. 왜군 제1대인 고니시 유키나가 부대가 공격을 시작했지. 권율 장군은 적군이 최대한 가까이 다가오기를 기다렸다가 북을 쳐서 일제히 공격을 시작했단다. 우리 군대의 대포, 총통, 활에서 한꺼번에 불과 화살을 뿜어댔어. 왜군 선봉대는 한순간에 무너지고 말았지. 고니시 유키나가 부대는 걸음아 날 살려라 하고 도망치기 바빴단다.

　이어 왜군 제2대가 돌진해 왔어. 조선 군대는 또 다시 대포, 총통, 화살로 맞섰지. 그 바람에 왜군 대장이 가슴에 총통을 맞고 쓰러졌어. 그러자 나머지 군사들은 혼비백산해서 달아나 버렸단다.

하지만 왜군의 공격도 꽤나 끈질겼어. 이번엔 왜군 제3대가 몰려왔단다. 왜놈들은 높은 구름사다리 위에서 행주산성 안으로 대포를 쏘아 댔어. 눈 뜨고 지켜보기만 할 조선 군대가 아

니었지. 대포와 총통을 쏘아 왜군의 구름사다리를 폭파시켜 버렸어. 그러자 왜군은 우왕좌왕 도망치기에 바빴단다. 연거푸 세 차례에 걸친 위대한 승리였어.

그쯤에서 포기하고 물러설 줄 알았는데 그렇지 않았어. 왜군이 또 다시 총공격을 해 온 거야. 권율 장군은 군사들의 용기를 북돋우며 맨 앞에서 적의 공격을 방어했어. 물러서면 곧 죽음이란 각오로 맞서 싸웠지.

"나 권율은 행주산성에서 죽을지언정 결단코 항복하는 일은 없을 것이다. 죽음을 두려워 말고 총 공격하라!"

조선 군사들은 권율 장군의 용기를 본받아 그야말로 죽기 살기로 싸웠단다.

그뿐이 아니었어. 행주산성으로 찾아온 일반 백성들도 멀뚱멀뚱 구경만 하진 않았어. 남자들은 젊은이, 늙은이 할 것 없이 모두 모두 무기를 들고 동참했어.

"우리도 싸우자!"

"죽음으로 행주산성을 지키자!"

그러자 이번엔 부녀자들도 팔을 걷어붙이고 나섰어. 싸우는 군사들에게 주먹밥을 지어 먹이고 부상자가 발생하면 바로바로 치료해 주었지. 그뿐이 아니야. 행주산성 안에 있는 모든 가마솥을 가져다가 물을 펄펄 끓였어. 펄펄 끓는 물을 떠가지고 와서 공격해 오는 왜군에게 퍼부으려고 말이야.

그런데 세상에!

전쟁이 한창인데 조선 군대에 화살이 똑 떨어진 거야. 화살이 없으면 큰일이 아닐 수 없었지. 그러자 부녀자들이 긴 치마를 잘라 짧게 만들어 입고, 나머지 천으로 돌멩이를 담아 가지고 왔어. 가까이 다가오는 적군을 향해 돌팔매를 던지기 위해서였지. 이 일 때문에 나중에 '행주치마'란 말이 생겨나게 되었단다.

그러자 하늘이 도운 것일까. 마침 경기수사 이빈이 화살 수만 개를 실은 배 두 척을 몰고 한강을 따라 올라왔어. 한강을 등진 행주산성에 배수진을 친 덕분이었지. 화살이 도착하자 조선군은 다시 기운이 펄펄 솟아올랐어. 마침내 왜군은 행주산성을 포기하고 멀찌감치 물러나고 말았단다.

권율 장군이 이끈 행주산성 전투가 행주대첩이야. 이는 진주대첩, 한산도대첩과 함께 임진왜란 3대 대첩으로 오늘날까지 이름을 날리고 있지. 조정에서는 권율 장군의 공을 높이 사 1593년 6월에 그를 도원수로 임명했단다.

벽제관 전투에서 패배한 뒤 개성으로 후퇴했던 명나라 장군 이여송은 뒤늦게 권율 장군의 행주대첩 소식을 들었어. 이여송은 '조선에 권율 같은 장군이 있다는 사실이 그저 놀랍다!'라며 감탄했다고 해.

임진왜란 때 최고 명장인 이순신 장군이 남쪽에서 열 번을 싸워서 열 번을 다 이긴 바다의 장수였다면, 권율 장군은 행주산성과 한강을 지켜 낸 위대한 장수라고 할 수 있을 거야. 무기를 버리고 도망쳐 버린 김명원 같은 졸장부와는 비교할 수도 없는 장군이란다.

13. 인조의 항복이 새겨진 삼전도비

- 잠실동 -

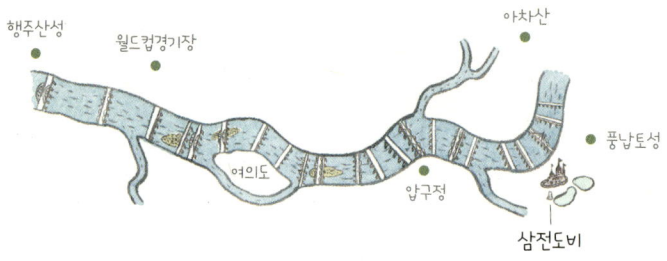

임진왜란은 1592년에 시작되어 1598년에 끝이 났어. 기나긴 7년 전쟁이었지.

그로부터 30년이 지난 1627년에 청나라 군 3만 명이 우리나라 서북 지방을 쳐들어왔어. 이것이 역사에 기록된 정묘호란이란다.

정묘호란은 앞으로 닥칠 더 큰 전쟁을 예고하는 것이었어. 따라서 국방을 튼튼히 하고 적의 공격에 미리미리 대비하는 게 무엇보다 중요했지. 하지만 조선의 조정에선 그렇게 하지 않았어. 청나라는 북쪽의 오랑캐가 세운 나라라고 무시하고, 오로지 기울어 가는 명나라와 가까이 지내려고 노력할 뿐이었지. 현실을 무시하고 명분만 앞세운 외교 정책을 썼던 거야. 그리하여 아무런 전쟁 준비도 하지 못한 채 10년 허송세월을 보냈단다.

인조 14년인 1636년 12월 9일 청나라 태종이 10만 명이 넘는 대군을 거느리고 조선으로 쳐들어왔어. 이때 압록강의 신의주 지방을 임경업 장군이 지키고 있었단다. 임경업 장군은 이순신 못지않은 뛰어난 장군이었어. 그걸 알고 청나라 군은 임경업 장군이 지키는 곳을 피해 다른 길로 벌 떼처럼 남쪽으로 치고 내려왔단다.

나머지 조선 군은 청나라 대군을 막아 낼 능력이 없었어. 청나라 군은 닷새 뒤인 12월 13일에 평양성을 점령했단다. 그러자 조정에선 싸울 엄두조차 못 내고 그저 도망갈 곳을 찾기에 바빴지.

인조는 한양 궁궐을 버리고 강화도로 피난을 떠나려고 했어. 그런데 청나라 대군이 이미 한양 가까운 곳까지 휘몰아쳐 내려와 강화도로 가는 길목이 끊겼다는 보고가 올라왔어. 인조는 말머리를 돌려 다시 한양성 안으로 들어갔단다. 백성들이 울부짖는 소리가 온 도성 안에 가득했지.

　이때 이조 판서 최명길이 아뢰었어.

"한양 가까이에서 적군을 방어할 만한 곳은 남한산성밖에 없사옵니다. 전하께서는 바삐 궁궐을 빠져나가 남한산성으로 들어가십시오."

"남한산성은 안전한가?"

"강화도만큼은 못하오나 이제 그곳 말고는 피난할 곳이 없사옵니다. 서둘러 떠나셔야 하옵니다."

　그 말을 듣고, 인조는 수레를 타고 급히 남한산성으로 향했어. 그 와중에 세자의 말고삐를 잡고 가던 신하가 자기만 살겠다고 도망쳐 버렸어. 세자 일행은 급히 다른 사람을 구해 임금의 수레를 뒤따랐단다. 오후 6시쯤 한강을 건너는데 한겨울이라 강물이 얼기 시작했어. 한강이 얼어붙으면 청나라 군대가 강을 건너오는 것도 시간문제였지. 인조는 길을 재촉하여 밤 10시가 되어서야 겨우 남한산성에 도착했단다.

　다음 날부터 1만 2천 여 군사를 겨우겨우 끌어모아 남한산성을 지키게 했어. 하지만 강화도만큼 안전하지 못하다고 판단했지. 인조는 불안하여 안절부절못했지. 결국 12월 15일 새벽 남한산성을 빠져나와 강화도로 가려고 했어. 그런데 산언덕에 얼음이 얼어서 말과 사람이 모두 미끄러져 걸을 수가 없는 거야. 하는 수 없어 다시 남한산성 안으로 들어갔지.

이제 남한산성에서 버티는 수밖에 달리 방법이 없었어. 청나라 군은 남한산성을 겹겹으로 에워싸고 인조에게 항복할 것을 요구했지. 날은 춥고 먹을 것은 다 떨어져 가니, 그 참상은 이루 말로 다 할 수 없을 지경이었어. 인조도 따뜻한 이부자리를 마련하는 것조차 힘이 들었단다. 그렇게 40여 일을 버티고 버티다 1637년 1월 30일 결국 항복하기에 이르렀어.

인조는 항복의 예를 갖추기 위해 청나라 복장으로 옷을 갈아입고 남한산성 밖으로 나갔어. 소현 세자와 여러 대신들이 그 뒤를 따랐지. 우중충하게 흐린 하늘에선 희끗희끗 눈발이 날리고 있었어. 청나라 장군 용골대가 남한산성 아래에서 기다리고 있었지. 인조는 청나라 장군에게 머리를 숙여 인사했어. 치욕스러운 일이었지만 전쟁에 패해 항복하는 마당이라 어쩔 수가 없었단다.

청나라 장군 용골대의 안내를 받아 인조 일행은 청나라 태

종이 기다리는 삼전도로 향했어. 청나라 태종이 높은 단 위에 떡하니 앉아 기다리고 있었지. 인조는 청나라 태종 앞으로 나아가 머리를 조아렸단다.

"폐하, 천은이 망극하옵니다."

그때 청나라 장군 용골대가 명령했어.

"황제 폐하께 무릎을 꿇고 절을 올려라!"

"예, 그리하겠사옵니다."

인조는 그 즉시 청나라 태종을 향해 세 번 절하고 머리를 아홉 번 조아리는 예를 올렸단다. 항복할 때 올리는 예이긴 하였으나, 한 나라의 임금으로서 이보다 더 치욕스러운 항복은 없었을 거야. 항복이란 게 이렇듯 고통스럽기 짝이 없는 일이란다. 그것이 다 전쟁에 철저하게 대비하지 못한 나라의 슬픔이기도 하지.

인조의 뒤를 이어 소현 세자와 여러 대신들도 차례차례 청나라 태종에게 항복하는 예를 올렸단다. 세 번 절하고 아홉 번 머리를 조아리는 예 말이야. 인조 임금 일행은 청나라 태종 앞에서 쩔쩔매는 신세였어. 무서운 호랑이 앞에서 발발 떠는 하룻강아지와 다를 바가 없었지.

뉘엿뉘엿 해 질 무렵이 되어서야, 청나라 태종은 인조 일행에게 궁궐로 돌아가도 좋다고 허락했어. 왕세자와 세자빈 및 봉림 대군을 비롯해 수많은 조선의 포로들은 청나라로 데려간다며 보내 주지 않았지.

인조는 대신들과 함께 한강을 건너는 나루터로 갔어. 나루터를 지키는 군사들은 대부분 죽거나 도망쳐 버리고 빈 배만 두 척 겨우 남아 있었지. 인조 일행은 나룻배를 타고 눈물을 흘리며 한강을 건넜어. 그렇게 비참할 수가 없었지. 일행은 캄

캄한 밤중이 되어서야 겨우 궁궐에 도착했단다.

  청나라 태종은 조선을 떠나기 전에, 조선이 청나라에 항복했다는 사실을 기록한 비를 세우라고 명령했어. 비의 앞면은 한문으로, 뒷면은 만주어와 몽골어로 기록하도록 했지. 인조가 청나라 태종에게 항복한 곳인 삼전도에 세워져 있어, 그 비를 '삼전도비'라고 해. 삼전도비는 아직까지도 서울 송파구 잠실동에 남아 굴욕의 역사를 증언하고 있단다.

병자호란이 일어난 까닭

삼전도비

   1627년 후금이 많은 군사들을 이끌고 조선을 쳐들어왔는데, 그걸 정묘호란이라고 해. 그리고 10년 뒤 병자년에 청나라는 다시 조선을 쳐들어와 삼천리강산을 쑥대밭으로 만들어 버린단다. 왜 이런 전쟁이 일어났을까.

   정묘호란이 일어난 뒤 조선과 후금은 형제의 나라로 조약을 맺고 서로 사이좋게 지내기로 약속했어. 그런데 후금은 중국 땅에서 세력이 점차 커지자 태도가 달라지기 시작했어. 그 무렵 후금은 명나라와 전쟁을 치르고 있었어. 그때 자기네가 이길 것 같으니까 조선에 물자를 바치라고 하는가 하면 군대를 보내 달라고 요구했어. 그뿐이 아니야. 후금과 조선의 관계를 형제의 나라가 아니라 군신의 관계로 바꾸자고 윽박지르기도 했지. 조선 조정에서는 차라리 후금에 맞서 전쟁을 벌이자는 말까지 나왔단다.

 1635년에 후금은 나라 이름을 청나라로 바꾸고는 조선에 두 가지 요구 사항을 보내. 하나는 조선 왕자를 청나라에 볼모로 보내라는 것이고, 또 하나는 청나라와 전쟁을 하자고 주장한 신하를 보내라고 거야. 볼모란 인질을 말하는 거야. 조선 왕자가 청나라에 볼모로 가 있으면, 조선이 함부로 청나라에 대들지 못할 게 아니야. 그 점을 노리는 정책이지. 그리고 또 한 가지, 청나라와 전쟁하자고 주장한 신하를 청나라로 보내면 그 신하가 어떻게 되겠어? 죽는다고 봐야겠지. 그러니 그 요구를 어떻게 받아들이느냐 말이야. 조선은 당연히 청나라의 요구를 거절했어. 그러자 1636년 12월 청나라 태종은 대군을 이끌고 조선을 쳐들어왔단다. 이 전쟁이 바로 병자호란이야. 병자년에 청나라 오랑캐가 일으킨 전쟁이란 뜻이지.

14. 연산군과 정조의 배다리

- 동작대교, 한강대교 -

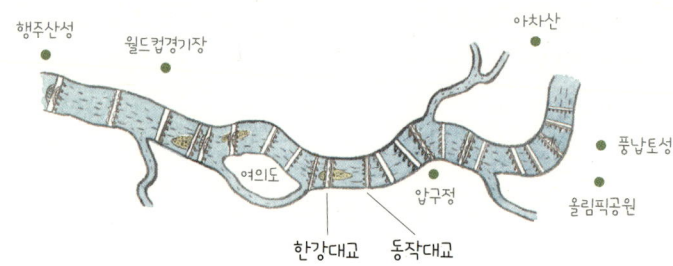

연산군은 조선 최악의 임금으로 알려져 있어.

두 차례 사화를 일으켜 수많은 선비들을 죽였을 뿐 아니라, 말년엔 내시 김처선을 비롯하여 닥치는 대로 사람을 고문하여 죽이기도 했지. 임금이 아니라 악마라고 해야 할 정도였어.

연산군은 한강 남쪽에 있는 청계산으로 자주 사냥을 나갔어. 연산군 6년인 1500년 10월에도 청계산으로 사냥을 가려고 했지.

그러자 영의정 한치형이 말했어.

"전하, 청계산 일대는 아직 벼를 수확하지 않았사옵니다. 사냥을 하다가 사람들과 말이 논밭을 짓밟지나 않을까 염려되옵니다. 추수한 뒤로 사냥을 미루옵소서."

연산군의 대답은 황당하기 짝이 없었지.

"10월이면 사냥하기 딱 좋은 시기가 아니냐. 벼를 수확하지 않은 건 백성들의 잘못이니라. 그 때문에 사냥을 포기할 수는 없노라."

이런 임금에게 무얼 더 바라겠어!

아무튼 청계산으로 사냥을 가려면 배를 타고 한강을 건너야 했어. 연산군은 배를 타는 일이 번거롭다며 한강에 배다리를 놓으라고 명령했지. 배다리는 한 번 놓으려면 대략 배 800척이 필요했단다. 800척이면 한강 나루터에 있는 배라는 배는 모조리 끌어모아야 가능했지.

왕의 명령이 떨어지자 포졸들이 나섰어. 그러자 배를 갖고 있는 백성들이 사정하고 또 사정했지. 배가 바로 밥줄이었으니 말이야.

"나리, 배를 끌고 가면 우리는 무엇으로 먹고삽니까?"

"임금님의 명령을 네놈들이 거역할 셈이냐? 명령에 따르지 않는 놈은 모조리 잡아들일 것이다."

이러고는 배를 내놓지 않으려는 백성들을 잡아다가 곤장을 때렸어. 백성들은 울며 겨자 먹기로 배를 내놓을 수밖에 없었지.

배다리는 배만 가지고 만드는 게 아니야. 배와 배를 묶고, 그 위에 커다란 나무를 얹고, 다시 널빤지를 깔아야 해. 해서 한강에 배다리를 놓으려면 일꾼 수천 명이 동원되고 비용도 엄청 들어갔단다.

게다가 한번 사냥이 시작되면 며칠씩 계속되었어. 그러니까 어떤 문제가 생기는가 하면, 연산군이 사냥을 끝내고 궁궐로 돌아갈 때까지, 배 주인들은 일손을 놓고 하염없이 기다리는 수밖에 없다는 거야.

연산군은 백성들이 고통당하는 일엔 눈 하나 꿈쩍하지 않았어. 여북하면 한강에 배다리가 놓일 때마다〈한강 원가〉라는 노래가 유행했을까.

'원가'라는 말은 원망을 담은 노래라는 뜻이야. 이 노래에는 연산군에 대한 원망이 가득 담겨 있지.

강원도 뗏목 장수 뗏목 뺏기고 울고
전라도 알곡 장수 통통배 뺏기고 울고
마포 나루 주막집 주인은 손님이 없어 운다네.

나중에 연산군은 중종반정으로 임금 자리에서 쫓겨나게 돼. 그러자 청계산으로 사냥을 떠나는 일로, 한강에 배다리를 놓는 일도 자연스레 없어졌지.

그런데 정조 임금 때 다시 배다리를 놓는 일이 생겼어.

억울하게 죽은 아버지 사도 세자의 묘가 한강 남쪽 수원에 있었거든. 정조는 1년에 한 번씩 아버지 묘소에 참배하러 갔어. 이걸 능행이라 해. 그런데 배를 타고 한강을 건너는 게 여간 불편한 일이 아니야. 해서 배다리를 놓게 되었지. 사냥을 하려고 배다리를 놓은 연산군과는 차원이 달라도 많이 달랐지.

그뿐이 아니야. 정조는 배다리를 놓는 데 동원된 배의 주인들과, 배다리를 놓는 일꾼들에게 일일이 삯을 쳐 주었단다. 또한 배다리를 빠르고 튼튼하게 놓기 위해 과학적으로 연구하도록 했어.

그 책임을 맡은 사람이 바로 실학자로 널리 알려진 정약용이야. 정약용은 오늘날 한강대교 자리인 용산과 노량진 사이에 배다리를 놓았단다. 수백 석의 쌀을 실어 나르는 커다란 배와 훈련도감에 있는 군사용 큰 배를 주로 이용했지. 연산군 때는 닥치는 대로 크고 작은 배를 동원했어. 그래서 그 수가 무려 800척에 이르렀으나, 정약용은 큰 배를 주로 사용했기 때문에 겨우 70척 정도로 한강에 배다리를 놓을 수 있었단다.

정조 때의 배다리 모습을 보면 화려하면서도 몹시 아름다웠지. 배다리 양쪽과 중앙에 거대한 홍살문이 세워져 있고, 노가 배 양쪽으로 뻗어 나와 있어. 또한 말을 탄 군사가 5열로 지나갈 수 있을 정도로 폭이 넓었단다.

백성을 생각하는 임금인지 아닌지에 따라 한강에 배다리 하나 놓는 데도 이렇게 큰 차이가 났단다. 하긴 배다리를 놓는 목적부터 달랐으니까. 연산군은 사냥을 즐기기 위해 강제로 배다리를 놓았고, 정조는 아버지 묘소에 참배하러 가기 위해 배다리를 놓았으니 말이야.

오늘날엔 콘크리트 다리 수십 개가 한강을 가로지르고 있지. 세상이 참 많이도 변했다는 걸 실감할 수 있는 일이야.

연산군은 군? 정조는 조?

　조선 시대 왕 이름은 왜 다 똑같지 않고 누구는 '군', 누구는 '조', 누구는 '종' 자가 붙는 걸까? 태조, 정종, 태종 등의 명칭은 왕이 죽은 뒤에 업적을 봐서 짓는 거야. 그러니 살아 있을 때 불리는 일은 없었지. 이걸 묘호라고 해.

　고려 이후에 중국 왕조에서 하던 대로 '조'와 '종'으로 하거나 황제보다 낮다는 의미로 '왕'을 붙였어. 그래서 삼국 시대의 '왕'과 고려 시대에 원나라 영향을 강하게 받았을 때의 '왕'은 그 의미가 다르지.

국왕 묘호를 '조' 혹은 '종'으로 하게 된 역사는 고대 중국에서 시작됐어. 한나라 때 사마천이 지은 《사기》에 따르면 문제라는 임금이 '임금 중에서 공적 있는 자는 조(祖)라 하고 덕망 있는 자는 종(宗)을 붙여 사용'하라 명령했다는 거야.

조선에서도 먼젓번 왕이 친아버지이거나 새로 왕위를 이을 자가 적자인 경우에 '종'을 붙였대. 그리고 큰 혼란기를 겪은 왕에게는 조를 붙였어. 혁명을 일으켜 임금 자리에 오르거나 어려운 환란을 극복하고 나라를 지킨 경우가 그래. 왕통의 항렬이 위로 올라간 경우에도 조를 붙였어. 조카의 왕위를 빼앗은 세조나 임진왜란을 겪은 선조가 그런 경우야.

왕위에서 쫓겨난 경우엔 군이라고 했어. 연산군과 광해군이 그렇지. 조나 종은 격에 있어서 큰 차이는 없지만 군은 한 단계 아래 지도자라는 뜻이야.

하지만 모든 왕 명칭을 이 규칙대로 한 것 같지는 않아. 중종은 반정을 일으켜 정권을 잡았지만 종이라는 묘호를 얻었고 선조는 처음에는 선종이라고 했다가 나중에 바꾸었거든. 영조도 처음에는 영종이라고 했다가 나중에 다시 평가를 받아서 바뀐 거래.

15. 조선 팔도 상인이 모이는 곳, 마포 나루

- 토정동 -

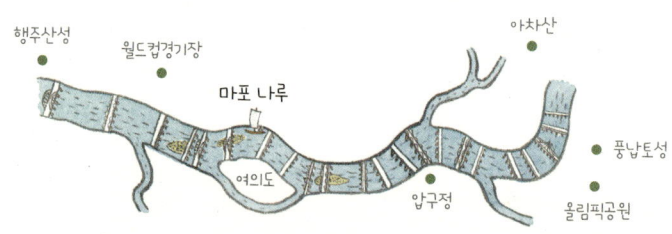

 왼편으로는 용산의 높은 언덕이 강 쪽으로 불쑥 튀어나와 있고, 오른편으론 잠두봉 바위벽이 우뚝 솟아 있으며, 앞쪽으론 푸른 강물이 넘실대는 곳이 바로 마포 나루야. 어디 그뿐인가. 한강 건너편으론 여의도가 한눈에 바라다보이지. 해서 예로부터 한강 나루터 가운데 마포 나루의 경치를 으뜸으로 쳐주었단다.
 또한 강폭이 넓은 데다가 밀물 때에는 서해에서 바닷물이 밀려 들어와 강의 흐름이 멈추어 마치 호수처럼 잔잔한 느낌

을 주는 곳이야. 산과 물이 한 폭의 그림처럼 어우러진 나루터라고 할 수 있지. 이런 풍광을 즐기기 위해 많은 선비들이 마포 나루 근처에 정자를 지었단다.

마포 나루는 조선의 개국과 더불어 충청도, 전라도, 경상도 지역과 황해도 지역의 세곡과 특산물을 실은 배들이 모이는 곳이기도 했어. 또 한양에서 지방으로 나가는 갖가지 물건들을 배에 실어 내는 포구로도 이용되었지. 한마디로 마포 나루는 배가 드나드는 교통의 중심지였어.

또 마포에서 아현동 고개를 넘어 서대문을 통과하면 임금이 머무는 경복궁이 코앞이었어. 따라서 한강 나루터 중에서 가장 번화한 곳이 마포 나루였단다.

조선 후기에 이르러서는 상업이 크게 발달했지.

갖가지 물건을 가득 실은 크고 작은 배들이 한강을 거슬러 올라와 마포 나루에 물건을 내려놓고 장사를 했어. 소금과 젓갈을 실은 배들도 많이 모여들었지. 한양 사람들이 사용하는 소금과 젓갈은 거의 마포 나루를 거쳐 왔을 정도야.

그리하여 마포 나루 근처에 창고를 지어 놓고 소금, 젓갈, 생선 등을 판매하는 도매상이 많이 들어섰어. 장사꾼들이 밥을 먹고 하룻밤 묵어 갈 수 있는 주막도 생겨났지. 마포 나루 주변은 나날이 번성하였고, 장사를 해서 큰 부자가 된 사람도 많아졌단다.

또한 지방에서 한양으로 올라온 세곡과 특산물을 저장하는 광흥창, 풍저창 등 나라에서 관리하는 큰 창고들도 만들어졌지. 그뿐이 아니야. 생선과 새우젓 같은 수산물을 저장하는 도구인 옹기도 많이 필요하게 되었어. 오늘날 마포구 용강동 일대는 옹기를 만드는 곳이었단다.

조선 시대 최고의 작가로 알려진 박지원이 쓴 소설 〈허생전〉에도 마포 나루가 등장하지. 허생이란 선비가 어느 날 쫓기듯

집을 나와 찾아간 곳이 바로 마포 나루에 사는 변씨 성을 가진 부자였단다. 그만큼 상업적으로 번성하여 마포 나루에 부자가 많았다는 증거야.

허생은 변 부자에게 대뜸 만 냥을 꾸어 달라고 했어. 세상에, 배짱도 그런 배짱이 없었지. 그런데 변 부자도 보통 배짱이 아니야. 어디에 사는 누구인지, 만 냥을 빌려다가 무얼 할 것인지, 그리고 만 냥을 언제 어떻게 갚을 것인지, 아무것도 묻지 않고 선뜻 만 냥을 빌려 주었으니 말이야. 세상에, 통이 큰 사람이 통이 큰 사람을 알아보는 건지 원.

그렇게 허생은 변 부자에게 만 냥을 빌려, 장사를 해서 순식간에 열 배 이상 이익을 올린단다. 그만큼 조선 시대가 어수룩한 사회였다는 증거야.

이렇게 번창했던 마포 나루는 어떻게 쇠퇴하게 되었을까.

첫 번째는 구한말 일본인들이 건설한 철도 때문이었어. 서울에서 가까운 인천항은 우리나라에서 외국과 무역을 할 수 있는 몇 안 되는 항구였지. 수많은 물품이 인천항으로 몰려들게 되었어. 그 많은 물품을 배로 실어 나르려면 시간도 오래 걸리고 비용도 만만찮아서 큰 문제였지. 그리하여 생겨난 게 인천과 서울을 잇는 경인선 철도였단다. 경인선 철도로 물건들을 실어 나르게 되자 마포 나루는 점차 그 쓰임새가 줄어들게 되었던 거야.

두 번째는 한국 전쟁 때문이었어. 한국 전쟁이 끝나고 한강 하류 쪽에 휴전선이 그어지자 한강에서 서해로 빠져나가는 길목인 강화만이 콱 막혀 버린 거야. 당연히 바다를 통해 한강으로 오는 뱃길도 뚝 끊어졌지.

마침내 마포 나루는 역사 속으로 자취를 감추게 되었단다.

16. 천주교인들의 성지 절두산

- 합정동 -

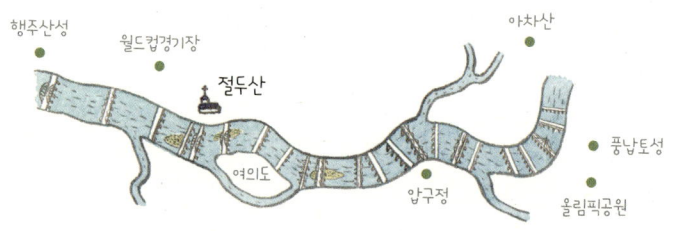

　오늘날의 한강 양화대교 부근에 양화진이라는 나루터가 있었어.
　양화진 근처 강가에는 갯버들이 많아서 '버들꽃 나루'라고 불리기도 했어. 양화진 동쪽에는 절두산이라는 봉우리가 우뚝 솟아 있지. 불쑥 솟아오른 형태가 누에가 머리를 치켜든 모양과 비슷하다고 해서, 누에 '잠' 자와 머리 '두' 자를 써서 '잠두봉'이라 불렀단다.
　잠두봉 아래 한강가 모래밭은 경치가 좋기로 유명했어. 그런데 어느 때부터인가 사형장으로 변했단다. 경치 좋기로 이름난 한강가 모래밭이 사람을 죽이는 끔찍한 사형장으로 변하다니, 참으로 알다가도 모를 일이야.

1866년 10월의 일이었지.

조선 조정에선 천주교를 믿는 사람들을 모조리 잡아들여 고문을 하고 사형을 집행했어. 천주교 신자들이 조상 제사를 거부하는 등 미풍양속을 해친다는 게 이유였지. 그 전에도 천주교 신자들을 박해한 적은 있지만 이때는 어느 때보다 심했어. 1866년이 병인년이어서 역사에는 '병인박해'로 기록되어 있단다. 천주교 신자들이 어찌어찌 죽음을 맞이하게 되었는지 몇 가지 기록을 살펴볼까.

1. 이의송은 황해도 백천 출신이야. 종기를 잘 치료하는 의원이었지. 나중에 신천 읍내로 이사를 가서 살다가 1857년에 식구들을 데리고 서울로 올라와 차동에서 살았단다. 정의배라는 신자에게 교리를 배우고, 1859년 베르뇌 주교에게 프란치스코란 세례명으로 세례를 받았지.

이의송은 교리 책과 묵주, 십자가 등을 만들어 신자들에게 보급했어. 그의 아내 김이쁜과 아들 이붕익도 그에게 교리를 배웠지. 역시 베르뇌 주교에게 세례를 받았단다. 1866년 병인박해가 일어나자, 이의송은 경기도 시흥에 사는 사돈 집으로 피신했다가 식구들과 함께 체포되었어.

이의송을 체포한 장교가 물었지.

"다시는 천주교를 믿지 않겠다고 서약한다면 목숨은 살려 주마. 어찌 하겠느냐?"

이의송이 담담하게 대답했지.

"목숨을 내놓을지언정 천주님을 버릴 수는 없소이다. 차라리 날 죽여 주시오."

이의송의 아내와 아들의 대답도 같았지.

"목숨이 다하는 날까지 천주님을 믿습니다."

이의송은 1866년 10월, 마흔여섯 살에 목이 잘려 순교했단다. 그의 아내와 아들도 목이 잘려 순교했지.

2. 김중은은 서울 낙산 근처에서 살았어. 상의원 소속으로 비단을 짜는 장인이었지. 열여덟 살 때 아버지에게 교리를 배워 베드로라는 세례명으로 세례를 받았단다. 1839년 기해박해 때 체포되었을 때, 그는 다시는 천주교를 믿지 않겠다고 서약하고 풀려난 적이 있었어. 그러다가 1863년 교회로 다시 돌아왔지.

그는 1866년 병인박해 때 또 다시 체포되었어.

혹독한 고문을 하면서 장교가 물었지.

"너희의 천주님을 버리겠느냐, 아니면 네 목숨을 내놓겠느냐?"

김중은은 주르륵 눈물을 흘렸어.

"한 번 배신한 것도 못 견디게 마음이 무거웠는데 어찌 두 번을 배반할 수 있겠소. 이번엔 내 목숨을 내놓겠소."

그리하여 김중은은 사형장에서 목이 잘려 쉰아홉 살에 순교했단다.

3. 김큰아기는 김진의 부인이야. 평양에 있는 유성률의 집에서 천주교를 배웠다고 해. 1863년 남편을 따라 서울로 올라와 청석동에서 살았지. 1864년 최형의 집에서 베르뇌 주교에게 마리아란 세례명으로 세례를 받았단다.

1866년 병인박해가 일어나자 남편과 함께 안주로 내려갔어. 남편 김진이 먼저 붙잡혀 사형당했다는 소식을 들었어. 하늘이 무너지는 것 같았지. 김큰아기는 곧 서울로 올라가 자수했어. 사형을 집행하는 장교 앞에서 당당하게 말했지.

"이제 나는 이 세상에서 원하는 것이 아무것도 없습니다. 남편 또한 이미 죽었으므로 하루빨리 죽임을 당해 천당에 가고 싶을 뿐입니다. 어서어서 나를 남편 곁으로 보내 주십시오."

그리하여 1866년 10월 목이 잘려 서른세 살에 순교했단다.

병인박해 때 죽임을 당한 천주교 신자들은 8천 명에 이른다고 해. 얼마나 많은 신자들이 억울하게 죽었는지 알 수 있지.

그 뒤 오랜 세월이 흘렀지.

1956년 천주교 교단에서 잠두봉 일대의 땅을 사들였어. 그리고 1967년 그곳에 절두산 성당을 세우고 순교 기념관을 지었단다. 그런데 '잠두봉' 성당이 아니라, '절두산' 성당이라 이름을 붙인 까닭은 무엇일까.

'절두산'은 '머리가 잘린 산'이란 뜻이야. 1866년부터 천주교 신자들이 목이 잘려 순교한 곳이기 때문에, 근처에 사는 사람들 사이에서 자연스럽게, '잠두봉' 대신 '절두산'이란 이름으로 불리었다는구나.

한강가의 아름다운 모래밭이 끔찍한 사형장으로 바뀌고, 또 다시 천주교의 성지로 탈바꿈했어. 잠두봉 일대의 운명이 그렇게 바뀔지 누가 짐작이나 했을까.

천주교 신자를 처벌한 진짜 이유

1866년에 천주교 신자를 박해한 데에는 좀 더 복잡한 사연이 있었대.

1866년은 흥선 대원군이 아들 고종을 대신해 나랏일을 보던 때야. 흥선 대원군은 처음에는 사람들이 천주교를 믿는 걸 특별히 신경 쓰지 않았어. 그러다가 천주교 신자를 박해한 까닭은 서양 세력이 오는 걸 막고, 흥선 대원군이 반대 세력의 비난을 잠재우고 계속 정권을 유지하기 위한 거였어.

1858년 러시아가 연해주 지방을 차지하면서 두만강을 사이에 두고 조선과 러시아가 국경을 맞대게 되었지. 러시아는 자주 두만강을 건너와 무역을 하자고 요구했어. 대원군과 조정은 몹시 당황했지. 그때 러시아는 유럽 쪽에서 남쪽으로 세력을 넓히려고 전쟁을 벌이기도 했거든.

그때 김면호 등 천주교 신자들은 다른 나라를 이용해서 러시아를 막자고 제안했어. 남종삼은 프랑스와 조약을 체결하여 나폴레옹 3세의 힘을 이용하면 러시아를 막을 수 있다고 주장하면서, 조선에

절두산 성당

와 있던 베르뇌 주교를 만나 보라고 했지. 하지만 지방에 있던 베르뇌 주교가 한양으로 올라오는 데 한 달이나 걸렸고, 그 사이 대원군은 처지가 바뀌었단다.

   1866년 1월에 도착한 북경 사신의 편지에는 청나라에서 서양인들을 사형하고 있다는 내용이 있었어. 그러자 대원군의 반대 세력은 천주교를 가까이 하는 대원군을 비난했지. 그뿐 아니라 대원군이 머무는 운현궁에도 천주교 신자가 있다는 소문이 퍼졌어. 고종이 왕이 되는 데 큰 힘이 되었던 조 대비까지 천주교를 비난하자 대원군은 정치적 생명에 위협을 느낀 거야. 게다가 러시아인들의 위협이 누그러지고 있었지.

   그리하여 흥선 대원군은 서양 여러 나라에 문을 굳게 닫아걸고, 천주교를 금지하는 정책을 펼쳤어.

17. 기차를 타고 한강을 건너?

- 한강철교 -

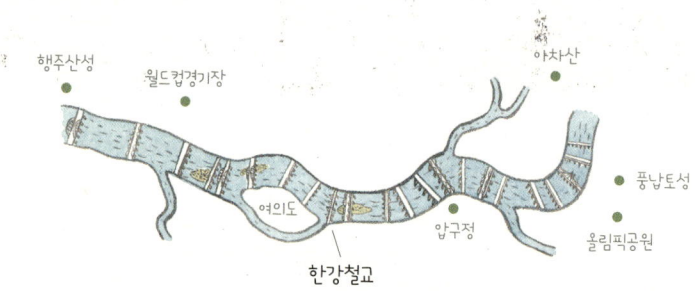

한강에 맨 처음 생긴 다리는 한강철교야.

기차가 다니는 한강철교는 4년에 걸친 공사 끝에 1900년 7월 5일에 준공되었어. 우리나라 최초의 근대식 토목 공사라고 봐야 할 거야. 수많은 일꾼들이 한강 모래밭으로 모여들었지. 한강 북쪽에 있는 용산과 남쪽의 노량진을 잇는 어마어마한 공사였어.

조선 시대에도 한강에 다리가 놓인 적이 있었지. 앞에서 이야기했듯 연산군 때 청계산으로 사냥을 가기 위해 배다리를 놓았고, 정조 때는 수원에 있는 사도 세자의 묘소에 참배하러 가기 위해 또 배다리를 놓았지.

 하지만 드넓은 한강을 가로질러 다리를 놓는다는 건 배다리를 놓는 것과는 전혀 다른 문제야. 한강 한가운데 일정한 간격으로 거대한 시멘트 기둥을 세우고, 그 위에 어마어마한 쇳덩어리를 올려놓는 작업이 말처럼 쉬운 일이겠어. 한강에 철교를 놓는 일은 그야말로 난공사였지. 여름에는 홍수 때문에, 겨울에는 날씨가 너무 추워서 공사가 중단되었다고 해.

한강철교가 놓이자 마침내 서울과 인천을 잇는 철도, 경인선이 개통되었어. 이어 서울과 부산을 잇는 경부선 철도도 놓이게 되었지.
한강을 배를 타고 건너는 것밖에 모르던 사람들은 기차가

덜컹덜컹 한강철교 위를 달리는 모습을 보고 두 눈이 휘둥그레졌지. 세상 참 오래 살고 볼 일이라며 혀를 내두르기도 했어. 배를 타고 이곳저곳 경치를 구경하며 느릿느릿 건너던 한강을, 번갯불에 콩 볶아 먹듯 기차를 타고 순식간에 건너게

되다니, 옛날엔 꿈도 꾸어 보지 못한 일이었지.

기차를 타는 승객들의 모습도 각양각색이었어.

하얀 도포를 입고 갓을 쓴 사람이 있는가 하면, 한 자가 넘는 긴 담뱃대를 입에 물고 뻐끔뻐끔 담배 연기를 피워 올리는 노인도 있고, 아무렇게 옷을 걸쳐 입은 서민들도 있었지. 장사를 하기 위해 기차를 타고 오고 가는 사람들도 있고, 더러는 주인이 하인을 데리고 타는 경우도 있었다고 해. 기차 안에서도 심부름을 시키려고 말이야.

기차를 이용하게 되자 시간 사용도 달라졌다고 해. 그 전엔 하루를 자시, 인시, 축시 등으로 12구간으로 나누어 사용했어. 그런데 기차 시간은 그보다 더 정확한 시간을 필요로 했지. 기차 시간표는 하루 24시간을 오전 12시간과 오후 12시간으로 나누어 표시했단다. 따라서 기차를 이용하기 위해선 기차 시간표에 정확하게 맞추어야 했어.

또한 기차는 교통 발달에 큰 변화를 가져왔어. 옛날엔 마포 나루에서 배를 타고 인천까지 갔다가 다시 돌아오려면 며칠이 걸렸지. 그런데 기차를 타면 서울에서 인천을 하루 만에 갔다가 돌아올 수 있었어. 그리고 12시간이면 서울을 떠나 부산에 도착할 수도 있었지.

  그뿐이 아니었단다. 기차를 이용하면 경상도와 전라도의 쌀이며 생선이 하루 만에 서울에 도착할 수 있었어. 자연스럽게 기차역 주변에 상권이 발달했지. 온갖 배가 드나들던 마포 나루가 번성했던 것과 같은 이치였어.

  그런데 안타깝게도 그때는 일제 식민지 시대였기 때문에 철도를 놓아서 생기는 여러 가지 이득이 모두 우리 민족 것이 되지는 않았어. 일본이 철도를 놓은 이유가 중국 대륙으로 세력을 넓히고 우리나라 물자를 쉽게 이용하기 위해서였거든.

사람들 때문에 모양이 바뀐 한강

조선 시대 한강 지도를 보면 한강은 지금과 모양이 다르단다. 오랜 세월 물이 흐르다 보니 모양이 변하기도 했겠지만 큰 변화는 사람 때문에 일어난 거야. 집을 짓는 데 쓰느라 강가의 모래를 파내는 바람에 강폭이 넓어지기도 했고, 한강에 다리가 놓여서 나루터가 하나둘 사라져 강가의 모양이 변하기도 했지. 있던 섬이 없어지기도 했고, 없던 섬이 새로 생기기도 했고 말이야.

원래 한강은 상류에서 송파에 접어들면서 두 갈래로 갈라져 잠실섬과 서남쪽의 작은 섬인 부리섬을 만들었어. 한강에 물이 줄면 부리섬과 잠실섬은 백사장으로 연결되기도 했지. 그런데 한강 종합 개발 사업이 시작되면서 한강을 메워 이 두 섬이 사라져 버렸단다. 두 섬이 있던 송파의 모래밭에는 높다란 아파트와 롯데월드가 들어섰고, 나가지 못한 물은 길이 막혀 석촌 호수가 되었단다.

섬이 아니었던 게 나중에 섬이 된 곳도 있어. 양화대교 남쪽에 있는 선유도는 원래 산이었는데, 일제 강점기 때 봉우리를 깎아 흙을 쓰느라 산이 없어지고, 아래쪽으로 물길이 생겨 섬이 되었다고 해.

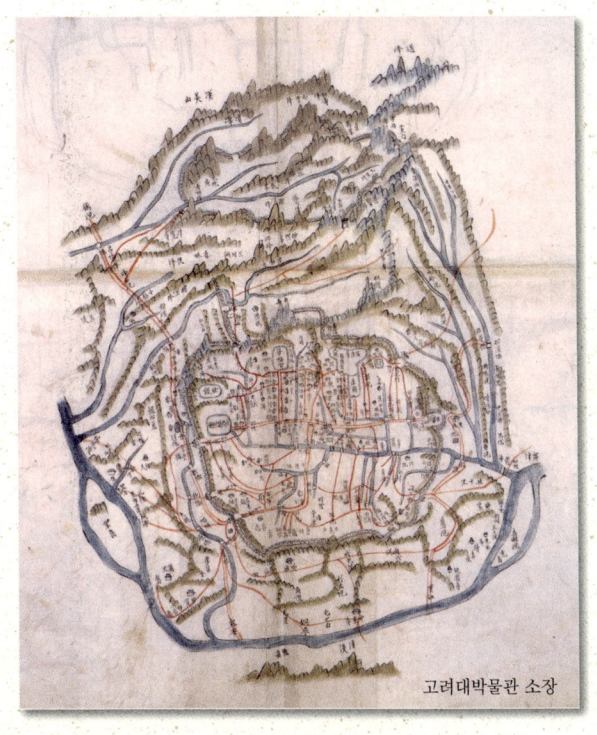
고려대박물관 소장

　서강대교 아래에 있는 밤섬은 밤처럼 생겨서 밤섬이라고 했어. 그런데 섬이 물 흐름을 방해해 주변에 홍수가 난다고 해서 1968년 섬 중심을 폭파했단다. 밤섬에 살던 주민들은 마포구 창전동으로 이사를 하고, 밤섬에서 나온 돌은 여의도 개발을 위한 제방 축조에 썼다고 해. 그 바람에 섬이 두 개로 나뉘어졌지. 윗밤섬은 마포구 상수동이고, 아랫밤섬은 영등포구 여의도동이야. 철새들은 윗밤섬, 아랫밤섬 구분하지 않고 해마다 찾아온단다.

18. 사람이 다니는 다리를 꽝!

- 한강철교, 한강대교 -

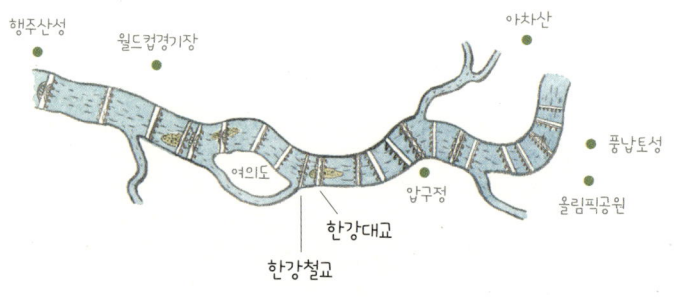

한국 전쟁은 1950년 6월 25일 새벽에 시작되었어.

다음 날인 26일 월요일엔 대한민국의 수도 서울을 혼란 속으로 몰아넣었지. 정부와 국회는 26일 밤 각각 국무회의와 긴급 국회를 열었어. 그리고 27일 새벽 대한민국의 수도를 한강 남쪽 수원으로 옮기기로 결정했단다.

전쟁 상황은 우리에게 매우 불리하게 돌아가고 있었지. 그러자 채병덕 육군 참모 총장은 한강 다리를 폭파할 생각을 했단다. 전쟁이 일어난 바로 다음 날이었지. 결국 채병덕 총장은 공병감인 최창식 대령을 불렀어. 한강 다리를 폭파할 예정이니 철저하게 준비하라 명령했단다.

채병덕 총장은 북한군이 서울에 진입하는 시간을 기준으로 하여, 두 시간이 지나면 한강의 모든 다리를 폭파한다는 계획을 세웠어. 한강 다리로 몰려드는 피난민들에 대한 대책은 찾아볼 수도 없었지.

그때 이종찬 수도 경비 사령관이 한강 다리 폭파를 강력히 반대했어.

"서울 시민들의 피난 조치도 제대로 하지 않은 상태에서 한강 다리를 폭파한다는 건 말이 되지 않습니다. 게다가 지금 서울 북쪽에선 북한군이 내려오는 걸 막기 위해 우리 국군이 죽기 살기로 싸우고 있습니다. 만약 우리 국군이 북한군에게 밀리게 된다면 어디로 후퇴한단 말입니까? 한강 다리를 폭파하면 서울 시민들과 후퇴하는 우리 국군은 독 안에 든 쥐 신세가 될 것입니다."

하지만 채병덕 총장은 이종찬 사령관의 의견을 무시했어. 서울 시민들의 목숨과 후퇴하는 국군들의 안전은 안중에도 없는 판단이었지. 참으로 안타까운 노릇이 아닐 수 없단다.

한편, 대한민국 최고 통수권자인 이승만 대통령은 27일 새벽 한강을 건너 대전으로 도망쳤단다. 하지만 그 시각 라디오에선 대한민국 정부가 서울을 사수할 것이니, 서울 시민들은 안심하고 생업에 종사하라는 녹음 방송이 흘러나오고 있었어. 채병덕 총장의 한강 폭파 작전보다 이승만의 사기 방송이 더 기막히는 일이었지.

6월 28일 오전 1시 45분경, 채병덕 총장은 서울 북쪽 미아리 고개를 지키던 강문봉 대령으로부터 북한군 전차가 서울 시내로 들어왔다는 보고를 받았어. 그 즉시 채병덕 총장은 최창식 대령에게 명령을 내렸단다. 한강 다리를 폭파하라고 말이야. 그리고 자신은 용산에 있는 육군 본부를 나와 한강 다리를 건너 잽싸게 시흥 쪽으로 내빼 버렸어. 최창식 대령은 폭파 책임자인 공병학교장 엄홍섭 중령에게 한강 다리를 폭파하라는 명령을 전달했지.

그 당시 한강에는 인도교로 불리는 한강대교와, 경부선 기차가 지나다니는 복선으로 되어 있는 철교와, 경인선 기차가 지나다니는 하행선, 상행선 철교, 이렇게 4개의 다리가 있었어. 서울 동쪽에 있는 광나루와 천호동을 잇는 광진교까지 합

치면 한강 다리는 모두 다섯 개였지.

비가 내리는 칠흑같이 어두운 밤이었어.

한강대교 위는 남쪽으로 피난을 가기 위해 몰려든 시민과 차량으로 아수라장을 이루었어. 1950년 6월 28일 새벽 2시 30분에 천지를 뒤흔드는 굉음이 울려 퍼졌단다. 그와 동시에 한강대교와 기차가 지나다니는 철교 3개가 차례로 무너져 내렸어. 그때 한강대교 위에는 피난민 500~800명 정도와 50대가 넘는 차량이 있었는데, 한순간에 다리 아래로 떨어졌지. 수많은 목숨이 한강에 생매장을 당한 셈이었어. 그야말로 생지옥이 따로 없었지.

그로부터 1시간 30분이 지난 새벽 4시에 광진교마저 폭파되었어. 한강 다리를 통해 남쪽이나 동쪽으로 피난 가는 길이 모두 막혀 버린 거야.

한강 다리 폭파는 북한군이 남쪽으로 밀고 내려오는 걸 막기 위해 계획했다고 해. 하지만 폭파 시기가 너무 빨랐어. 당시 한강 이북에 남아 있던 우리 국군 주력 부대는 후퇴하는 길이 막혀 엄청난 피해를 입었다고 해. 피난길이 막힌 서울 시민들도 무수히 목숨을 잃었고 말이야.

이렇게 되자 한강 다리를 폭파한 책임을 묻는 여론이 빗발쳤어. 들끓는 민심을 수습하기 위해, 육군 본부에선 공병감인 최창식 대령에게 모든 책임을 뒤집어씌었단다. 최창식 대령은 곧 군법 회의에 회부되어 9월 16일 억울하게 총살을 당했어. 폭파 명령을 내린 채병덕 육군 참모 총장은 아무런 책임도 지지 않았는데 말이야.

나가는 이야기

한강은 흐르고 흘러 지금에 이르렀어.

한강의 역사는 진짜 오래되었어. 지금으로부터 6천 년 전 신석기 시대 사람들이 한강가에 있는 암사동 일대에서 처음 살기 시작했고, 그 뒤로도 수많은 이야기를 싣고 한강은 유유히 흘러가고 있지.

백제를 세운 온조왕이 처음 도읍으로 정한 곳은 한강 유역에 있는 풍납토성이야. 그 뒤 도미 부부의 슬픈 이야기가 있었고, 백제의 개로왕과 고구려의 온달 장군은 한강 근처 아차산성에서 최후를 맞았지. 고려 시대 이조년 형제가 금덩어리를 던져 버린 투금탄 이야기도 있었고 말이야.

그 뒤 조선 시대로 넘어오면서 한강은 더 많은 이야기를 품게 되었지.

살곶이벌과 살곶이다리에 얽힌 이야기, 단종과 정순 왕후의 애달픈 이별을 전해 주는 청계천의 영도교, 사육신의 시신을 배에 싣고 한강을 건너가 무덤을 만들어 준 김시습 이야기, 한명회가 지은 정자 압구정에 얽힌 이야기도 있었지.

연산군과 정조의 배다리는 나쁜 임금과 좋은 임금을 비교할 수 있게 해 주었고, 마포 나루는 한강을 대표하는 나루터이자 조선 시대에 물자가 모이고 상권이 발달한 곳이었지. 수많은 천주교 신자들의 목숨을 빼앗아 간 절두산 아래 한강 모래밭의 사형장도 결코 잊어서는 안 될 곳이야.

한편 한강은 이런저런 전쟁의 아픔도 간직하고 있지.

임진왜란 때 왜군은 한강을 건너와 한양을 쑥대밭이 되도록 짓밟았어. 권율 장군의 행주산성 전투는 한강과 함께 오래오래 기억할 일이야. 병자호란 때 인조가 청나라 태종에게 항복한 곳은 한강 송파 나루 근처 삼전도였지. 우리는 이런 가슴 아픈 역사까지도 기억해야 해. 우리 민족끼리 싸운 한국 전쟁 때 한강 다리를 폭파한 사건은 두고두고 생각해 봐야 할 일이야.

마지막으로 한 가지 짚고 넘어갈 게 있단다.

오늘날 서울 상암동 주변에 여러 개의 생태 공원이 있잖아. 그곳은 처음부터 생태 공원이 아니었어. 놀라지 마. 원래 그 자리는 서울 사람들이 쓰고 버린 쓰레기를 매립한 난지도라는 섬이었단다.

서울시는 1978년 난지도를 쓰레기 매립장으로 사용한다고 결정했어. 그 뒤 15년 동안 난지도에 매립된 쓰레기는 약 9100만 톤에 이르렀어. 온갖 산업 쓰레기와 생활 쓰레기가 산처럼 쌓였던 거야. 평균 높이가 98미터에 이를 정도였다고 해. 해마다 봄이 되면 아름다운 꽃이 피어나던 난지도가 말 그대로 쓰레기 산이 되어 버린 거야.

그런데 참 놀랍기도 하지! 쓰레기 산 난지도가 지금은 아름다운 생태 공원으로 바뀌었으니 말이야. 다섯 개의 테마 공원인 평화공원, 하늘공원, 노을공원, 난지천공원, 난지한강공원으로 탈바꿈한 거야. 또한 난지도 테마 공원 한쪽에는 월드컵경기장이 지어졌어. 2002년에 월드컵 주경기장으로 사용되었지.

이제 이야기를 마무리할 때가 온 것 같네.

한강은 항상 우리 곁에 있을 거야.

앞으로도 수천수만 년에 걸쳐 이런저런 이야기를 품은 채 유유히 흐르고 또 흘러갈 거야. 우리는 앞으로 어떤 역사를 만들어 갈 수 있을까. 우리가 어떤 역사를 만들어 가는지 한강은 말없이 지켜보고 있을 거야. 아마 그럴 거야.

한강은 우리 역사와 언제나 함께 흘러왔으니까 말이야.

찾아보기

고척동 고인돌 18, 19

공암 나루 48, 54

광나루 77, 148

광진교 149

동작대교 116

마포 나루 124, 125, 126, 127, 129, 142, 153

망원정 96, 97

몽촌토성 25, 27, 39

밤섬 145

빗살무늬 토기 16

사육신공원 80

살곶이다리 64, 69, 153

삼전도(비) 106, 113, 114, 154

새남터 83

서강대교 145

석촌호수 144

신석기 12, 13, 14, 16, 17, 152

아차산 37, 38, 39, 45, 46, 47

암사동 선사유적지 12

압구정 88, 90, 93, 94, 153

양화대교 130, 144

영도교 73, 74, 75, 76, 153

왕십리 58, 59, 60

용양봉저정 96

움집터 12

월드컵경기장 155

위례성 37, 38, 39

절두산 130, 135, 137, 153

제천정 90

투금탄 48, 54, 153

풍납토성 20, 25, 27, 39, 152

한강대교 116, 121, 146, 148, 149

한강철교 138, 140, 141, 146

행주산성 98, 100, 101, 102, 103, 104, 105, 153